Paridad en el poder judicial

Victoria Fernanda
Coñuecar Barría

Paridad en el Poder Judicial

Reflexiones en torno a la presencia de mujeres en la Corte Suprema

RiL editores

347.012 Coñuecar Barría, Victoria Fernanda
M Paridad en el Poder Judicial. Reflexiones en torno a la presencia de mujeres en la Corte Suprema / Victoria Fernanda Coñuecar Barría. – – Santiago : RIL editores, 2021.

168 p. ; 23 cm.
ISBN: 978-956-01-0851-7

1 PODER JUDICIAL-CHILE-HISTORIA. 2 MUJERES EN LA VIDA PÚBLICA-CHILE.

PARIDAD EN EL PODER JUDICIAL.
REFLEXIONES EN TORNO A LA PRESENCIA
DE MUJERES EN LA CORTE SUPREMA
Primera edición: enero de 2021

SEDE SANTIAGO:
Los Leones 2258
CP 7511055 Providencia
Santiago de Chile
(56) 22 22 38 100
ril@rileditores.com • www.rileditores.com

SEDE VALPARAÍSO:
Cochrane 639, of. 92
CP 2361801 Valparaíso
(56) 32 274 6203
valparaiso@rileditores.com

SEDE ESPAÑA:
europa@rileditores.com • Barcelona

Composición, diseño de portada e impresión: RIL® editores

Impreso en Chile • *Printed in Chile*

ISBN 978-956-01-0710-7

Índice

Agradecimientos.......... 9

Prólogo, *por Andrea Muñoz Sánchez* 11

Introducción.......... 17

Historia de las mujeres en el Poder Judicial.......... 27

Matilde Throup Sepúlveda, primera mujer en oponerse a un concurso del Poder Judicial 28

Claudina Acuña Montenegro, primera mujer en ingresar a la carrera judicial 30

Fannie Leibovich Guberman, primera ministra de Corte de Apelaciones 31

Raquel Camposano Echegaray, primera mujer en integrar una quina a la Corte Suprema.......... 31

María Antonia Morales Villagrán, primera ministra de la Corte Suprema.......... 32

Mónica Maldonado Croquevielle, primera fiscala Judicial de la Corte Suprema.......... 33

Presencia de mujeres en el Poder Judicial en el periodo 2005-2020.......... 35

Presencia de mujeres en el Poder Judicial 35

Presencia de mujeres según jurisdicción.......... 36

Presencia de mujeres según jerarquía del tribunal.......... 38

Sistema de nombramiento de ministros y ministras de la Corte Suprema 41

Cinquenas elaboradas entre marzo de 2001 y agosto de 2008 44

Cinquenas elaboradas entre diciembre 2008 y octubre 2020 52

Trayectoria de las mujeres hacia la Corte Suprema . 75

Cultura judicial 78

Nombramientos 89

Reacción del medio externo 113

Presencia de mujeres en la Corte Suprema 120

Conclusiones 137

Bibliografía 145

Notas de prensa 151

Anexo - Entrevistadas 155

Agradecimientos

Enfrentarse al desarrollo de esta investigación fue un gran desafío para mí. Provenir de un campo profesional tan ajeno a este tipo de investigaciones significó una gran carga al momento de elaborar este proyecto. Sin lugar a dudas no hubiera sido posible finalizar esta publicación sin el apoyo incondicional de Carlo, mis padres y hermano. Agradezco enormemente a todas las entrevistadas, a las ministras Sras. Maggi y Muñoz por abrir un espacio en su ajustada agenda para compartir conmigo sus experiencias de vida; a la fiscala judicial Sra. Lya Cabello por su entusiasmo y buena disposición; a las ministras Sras. Lusic, Olivares, Maldonado, exministra Araneda y ministra con identidad reservada, por confiar en mi trabajo y compartir sus vivencias dentro de la carrera judicial.

Especiales agradecimientos a las secretarias privadas de las ministras Sras. Maggi y Muñoz, a los secretarios abogados de la fiscala judicial Sra. Cabello, a las y los funcionarios de las Cortes de Apelaciones de Santiago, Iquique, La Serena y Coyhaique, a la Secretaría Técnica de Igualdad de Género y No Discriminación del Poder Judicial, a la Oficina Administrativa de la Corte Suprema y a la Asociación Nacional de Magistradas Chilenas (MACHI).

Finalmente, agradezco a María Elena Acuña por guiar esta investigación que originalmente constituyó la tesis para optar al grado de Magíster en Género y Cultura, mención Ciencias Sociales de la Universidad de Chile.

Prólogo

En el último tiempo, Chile ha sufrido múltiples transformaciones sociales, políticas y económicas. La masificación de diversas movilizaciones y expresiones sociales, especialmente de aquellas ligadas a la reivindicación de los derechos de las mujeres, han agregado al debate nacional —entre otros asuntos— la necesidad imperiosa de generar mecanismos dirigidos a la efectiva participación de todos los sectores de la ciudadanía en el ejercicio de la democracia. Así, entre las diversas temáticas que requieren urgentemente ser atendidas con esta finalidad, encontramos la paridad e igualdad de género.

Tanto a nivel mundial como local, es patente la escasa participación de mujeres en las esferas de liderazgo y de decisión, encontrándose subrepresentadas en espacios de elección popular y de dirección en cargos públicos y privados. Las razones detrás de esta situación apuntan a la existencia de diversos obstáculos relacionados con las brechas existentes entre hombres y mujeres, que se condicen con factores estructurales tales como prácticas y estereotipos de género, dificultad de acceso a educación, trabajo, y formación de redes sociopolíticas, entre otros aspectos.

Teniendo en cuenta que sin la participación de las mujeres y su incorporación en los procesos de adopción de decisiones no se puede conseguir igualdad y desarrollo en la sociedad, es de suma importancia tomar acciones que propendan a aumentar su presencia en los espacios de liderazgo de nuestro país, especialmente en el ámbito público. De hecho, la Asamblea General de las Naciones Unidas señaló que la participación de la mujer en la vida social y política debe ser una preocupación de los tres poderes del Estado, pues su intervención en un pie de igualdad con el hombre en todos los niveles de decisión «resulta indispensable para el logro de la igualdad, el desarrollo sostenible, la paz y la democracia»[1]. Y, en esa misma línea, el Comité de la CEDAW recomendó al Estado de Chile, en el contexto del séptimo informe periódico, que «elimine la segregación ocupacional vertical y horizontal en los sectores público y privado»[2].

Empero, el ingreso de las mujeres a las esferas de dirección ha sido sumamente lento, sobre todo si se considera que la primera Presidenta de la República fue nombrada hace diez años, y que el Poder Judicial hasta el día de hoy aún no ha tenido a una mujer a la cabeza. La necesidad de hacer más representativos los espacios de decisión dentro del Poder Judicial chileno es extremadamente urgente, tanto por el hecho que sus miembros cumplen una función crítica en la estabilidad del Estado de Derecho y el sistema democrático en su conjunto, como porque

1 Resolución sobre la participación de la mujer en la política aprobada por la Asamblea General de las Naciones Unidas el 19 de diciembre de 2011. Disponible en el siguiente link: https://bit.ly/30V6jvH.

2 Observaciones finales sobre el séptimo informe periódico de Chile, elaborado por el Comité para la Eliminación de la Discriminación contra la Mujer. Disponible en el siguiente link: https://acnudh.org/load/2018/07/N1807016.pdf.

esta institución se encuentra conformada, precisamente, en su mayoría por mujeres. De hecho, el 60% de quienes componen los tribunales inferiores de justicia son mujeres; cifra que se va invirtiendo al subir en la jerarquía piramidal de este poder del Estado. En este escenario, surge el necesario cuestionamiento sobre los motivos tras la baja presencia de mujeres en los puestos jerárquicos de la judicatura.

Tanto en Chile como en Latinoamérica, se ha tratado de dar respuesta a la baja representación femenina en los ámbitos de liderazgo con la finalidad de elaborar políticas efectivas que reviertan la situación e impulsen la participación de las mujeres en los espacios de toma de decisión. En lo que respecta a estudios centrados en la labor judicial, existen autoras latinoamericanas que han intentado dar respuesta a la baja presencia de mujeres en las altas esferas de la judicatura, en un contexto de alta feminización institucional. No obstante, a nivel nacional son pocos los estudios en la materia, resultando fundamental hoy en día generar más conocimiento e investigaciones sobre la dispar participación de hombres y mujeres en los espacios de jerarquía del Poder Judicial, especialmente al interior de la Corte Suprema. Esto es relevante a fin de identificar y comprender aquellos factores que influyen en la baja presencia de mujeres en el mayor cargo que se puede detentar en el sistema judicial chileno, y así evaluar la implementación de mecanismos que remedien esta situación.

Bajo el escenario descrito en los párrafos anteriores el presente libro cobra una especial relevancia tanto por la materia e institución que trata, como por la oportunidad en que es presentado al público y al debate social y académico. Victoria Coñuecar, abogada de la Universidad de Chile, Magíster en Estudios de Género y Cultura de la misma casa de estudios y funcionaria judicial, aborda —a lo largo de este texto— el trayecto que han realizado y que continúan realizando hasta la actualidad las mujeres al interior del Poder Judicial de nuestro país. Esto lo hace de forma detallada y minuciosa mediante la presentación de antecedentes históricos sobre el ingreso de mujeres a la judicatura, datos contemporáneos sobre la presencia femenina en la institución, análisis de las postulaciones e integración de las cinquenas para los cargos de ministro y ministra de la Corte Suprema, y el valioso relato de sus entrevistadas, que permite «asomarse» a la cultura judicial —con todas sus complejidades en relación a la temática abordada— desde una perspectiva privilegiada. La investigación describe, asimismo, los esfuerzos del Poder Judicial en los últimos años por avanzar en una línea de mayor compromiso con el principio de igualdad y no discriminación, plasmados en una Política e institucionalidad aprobadas por la Corte Suprema para enfrentar este desafío. En ese contexto, y en virtud del análisis de los antecedentes recopilados, la autora se hace cargo de identificar, con gran lucidez, los diversos obstáculos que complejizan el tránsito de las mujeres desde la base a los escalones más altos del Poder Judicial, los que de alguna manera concuerdan con las formulaciones teóricas que contiene el trabajo y que resultan del mayor interés para comprender el fenómeno. Se debe resaltar que en esta obra no sólo se abordan temáticas escasamente revisadas en el ámbito nacional, sino que además se analiza una institución muy poco estudiada en Chile desde la perspectiva de las ciencias sociales. Es en este hecho que descansa parte del inmenso valor de este libro, pues se enmarca —a mi juicio— en un trabajo original y novedoso destinado a analizar y visibilizar las dinámicas de poder y de género, que se han reproducido y arrastrado desde los inicios del Poder Judicial, institución cuya cúpula estuvo constituida casi por dos siglos en su totalidad por hombres. De especial interés resulta, pues, el trabajo que tengo el honor y privilegio de prologar, por su enorme contribución al estudio y análisis del tema de paridad que, en la hora presente, el Poder Judicial está en condiciones de emprender

De esta forma, estoy convencida que la investigación desarrollada por Victoria constituye, sin duda, un gran aporte para el debate nacional y Latinoamericano sobre la paridad e igualdad de género, especialmente dentro de las instituciones del Estado en tanto narra, en base a datos y la experiencia personal de las pocas mujeres que han logrado acceder a las estructuras de poder de la judicatura, las especiales circunstancias que tienen que sortear en el camino hacia al ascenso al interior del Poder Judicial.

Finalmente, cabe destacar que este libro viene a transformarse en un importante insumo para el entendimiento de los trayectos de las mujeres, no sólo en el ámbito judicial, sino que a nivel general, en tanto las dinámicas observadas por la autora pueden ser extrapoladas a instituciones que hasta el día de hoy han sido en su mayoría lideradas por hombres. En este sentido, este texto puede ser ilustrativo para los y las lectoras pertenecientes a otros sectores de la sociedad que deseen comprender los factores que tensionan las vivencias de las mujeres en el espacio público, y que complejizan alcanzar una efectiva paridad de género en Chile.

Andrea Muñoz Sánchez
Ministra
Excma. Corte Suprema de Justicia
Octubre de 2020

Introducción

Si bien las mujeres constituyen alrededor de la mitad de la población del país, su participación y representación en ámbitos de toma de decisión es muy baja. La escasa participación política de las mujeres en instancias de deliberación no solo afecta la calidad y legitimidad del sistema democrático, sino que además el principio de igualdad a la base del ejercicio de ciudadanía (PNUD, 2018a). En este sentido –considerando que una de las desigualdades más extendidas no solo a nivel nacional sino que mundial es la inequidad de género, materializada en brechas entre hombres y mujeres tales como la participación en la fuerza laboral, los ingresos, el acceso a la educación y participación política, entre otros aspectos– el concepto de paridad cobra especial relevancia.

La paridad ha sido definida «como un proceso estratégico contra el monopolio masculino del poder político en busca de un reparto equitativo de este entre hombres y mujeres; [mientras que] a la vez promueve una transformación en las relaciones de género en todos los ámbitos de la vida pública y privada» (Albaine, 2015, p. 148). En este sentido, la paridad tiene por objetivo «alcanzar la igualdad entre varones y mujeres en el ejercicio del poder, en la toma de decisiones, en los mecanismos de participación y de representación social y política y en las relaciones familiares, sociales, económicas, políticas y culturales» (Ibíd, p. 146).

La importancia de la participación política de las mujeres ha sido resaltada de diversas maneras, en múltiples instancias nacionales e internacionales, siendo considerada ampliamente como un derecho fundamental y parte esencial de las estrategias de desarrollo a nivel mundial (PNUD, 2018b). En efecto, tanto la Convención sobre la eliminación de todas las formas de discriminación contra la mujer (CEDAW)[1], como la Declaración y Plataforma de Acción de Beijing[2] promueven la eliminación de las barreras que dificultan la participación plena y activa de las mujeres en la vida pública y política. De igual manera, la Agenda 2030 para el desarrollo sostenible reconoce en su Objetivo 5, la necesidad de «asegurar la participación plena y efectiva de las mujeres y la igualdad de oportunidades de liderazgo a todos los niveles decisorios en la vida política, económica y pública»[3].

Se destacan como hitos para impulsar la participación política de las mujeres, la declaración de Naciones Unidas de

---

1 Adoptada por la Asamblea General de Naciones Unidas el 18 de diciembre de 1979, y ratificada por Chile el 09 de diciembre de 1989. Disponible en el siguiente link: https://www.ohchr.org/sp/professionalinterest/pages/cedaw.aspx.

2 Aprobada en la Cuarta Conferencia Mundial sobre la Mujer, celebrada en Beijing entre el 04 y 15 de septiembre de 1995. Disponible en el siguiente link: https://beijing20.unwomen.org/~/media/headquarters/attachments/sections/csw/bpa_s_final_web.pdf.

3 La Agenda 2030 para el desarrollo sostenible es un acuerdo adoptado el año 2015 por la Asamblea General de Naciones Unidas (ONU). La agenda es un plan de acción a favor de las personas, el planeta y la prosperidad, que también tiene la intención de fortalecer la paz universal y el acceso a la justicia. Se compone de 17 Objetivos de Desarrollo Sostenible y 169 metas a alcanzar hacia el 2030. Chile adoptó la Agenda 2030 para el Desarrollo Sostenible en septiembre de 2015. Para mayor información revisar el siguiente link: https://www.un.org/ga/search/view_doc.asp?symbol=A/RES/70/1&Lang=S.

la Década de la Mujer (1975-1985) y las cumbres celebradas a partir de ese momento. En 1992 se aprobó en la Declaración de Atenas el documento «Mujeres al poder», que denunció el déficit democrático y proclamó la necesidad de lograr paridad de género en los poderes públicos. En 1995 la Cuarta Conferencia Mundial sobre la Mujer de Beijing reafirmó la necesidad de aumentar la participación política de las mujeres (Ibíd).

En el ámbito latinoamericano destacan las siguientes conferencias regionales: la IX Conferencia Regional sobre la Mujer de América Latina y el Caribe, celebrada en México en 2004; la X Conferencia celebrada en Quito en 2007; la XI Conferencia celebrada en Brasilia en 2010; la XII Conferencia celebrada en Santo Domingo en 2013; la XIII Conferencia celebrada en Montevideo en 2016 y la XIV Conferencia celebrada en Santiago de Chile en 2020. En este contexto se debe destacar el *Compromiso de Santiago*, mediante el cual se acordó «[a]lentar los esfuerzos sostenidos para aumentar la representación de las mujeres, incluidas las mujeres con discapacidad, en los procesos de toma de decisiones a fin de alcanzar la democracia paritaria, con un enfoque intercultural y étnico-racial, afianzando la presencia de mujeres en todos los poderes del Estado y niveles y ámbitos de gobierno, garantizar la protección de los derechos de las mujeres que participan en política, de las defensoras de derechos humanos y de las mujeres periodistas, y condenar la violencia política»[4].

---

4 Para mayor información revisar el siguiente link: https://conferenciamujer.cepal.org/14/sites/crm14/files/20-00089_crm.14_compromiso_de_santiago.pdf.

En este escenario y, ante la evidente subrepresentación de mujeres en los espacios de poder, diversos países del mundo, entre ellos latinoamericanos, han ido incorporando progresivamente a su ordenamiento jurídico una serie de medidas que han permitido a las mujeres competir con los hombres en igualdad de condiciones, entre las que destacan las cuotas de género. Estas «son un mecanismo de acción afirmativa que se sustenta en la constatación de la existencia de un desequilibrio que impide una igualdad de oportunidades efectiva entre mujeres y hombres y que los cambios en las condiciones sociales, por sí solos, no solucionarán estas desigualdades» (PNUD, 2018a, p. 7). Ahora bien, se debe tener claro que las cuotas son medidas temporales que se mantienen hasta lograr el objetivo principal, que no es otro que la consecución de la igualdad política entre hombres y mujeres (Albaine, 2015). De esta forma, las cuotas de género, no son más que uno de los variados mecanismos que permiten a las sociedades alcanzar la efectiva paridad.

En lo que respecta a nuestro país, el año 2015 se promulgó la Ley N°20.840, que sustituye el sistema electoral binominal por uno de carácter proporcional inclusivo que fortalece la representatividad del congreso nacional y que obliga a los partidos políticos –desde las elecciones parlamentarias del año 2017 hasta las que se celebren en el año 2029–, a presentar un porcentaje de mujeres entre sus candidatas para las elecciones parlamentarias. La instauración de la llamada *ley de cuotas*, vino a responder a los bajos índices de representación de mujeres en Chile, en comparación a la realidad de América Latina, la cual, solo en el ámbito de participación en elección parlamentaria, presentaba cifras críticas, pues, del promedio total entre los años 1989 y 2013, de todos los partidos que participaron en las elecciones parlamentarias, el 90% de candidatos fueron hombres (Servicio Civil, 2017). Con su aplicación en las últimas elecciones parlamentarias de noviembre de 2017, el número de representantes mujeres aumentó de 15,8% a 22,6% en la Cámara de Diputados (de 19 a 35 diputadas, de un total de 155 escaños), y a 23,3% en el Senado (de 6 a 10 senadoras, de un total de 43 escaños) (BCN, 2018).

No obstante, esta normativa solo considera la inserción de una cuota de género en el ámbito legislativo, no siendo aplicable a los otros dos poderes del Estado, en los cuales la subrepresentación de mujeres en los cargos de poder es igualmente crítica. Así, en el año 2018, en el ámbito del empleo público, aun cuando las mujeres representaban el 60% de la dotación efectiva del gobierno central, su representación en cargos directivos alcanzaba solo el 41,5% (Dirección de Presupuestos, 2019). Por su parte, las mujeres en el Sistema de Alta Dirección Pública representaban el 33% de los altos directivos ese mismo año (Servicio Civil, 2019).

En lo que respecta al Poder Judicial –de acuerdo con datos de la Dirección de Estudios de la Corte Suprema (2019, 2020)[5]– el 60% de los jueces y juezas que componen los tribunales inferiores de nuestro país son mujeres, siendo este un comportamiento constante entre los años 2005 y 2020. Por el contrario, la situación se invierte al subir en la jerarquía piramidal de este poder del Estado, pues de un total de 142 ministros y ministras

[5] Datos actualizados al 02 de marzo de 2020.

de Cortes de Apelaciones, a marzo de 2020, el 58,4% de ellos son hombres, mientras que el 41,5% son mujeres. En la Corte Suprema la situación se torna más evidente, en el cual el porcentaje de mujeres en el máximo tribunal el año 2005 representaba el 5% alcanzando un 40% a octubre de 2020. Actualmente, las integrantes mujeres de la Corte Suprema alcanzan un total de 8 puestos[6] de un máximo de 21 ministros[7].

Si bien desde el año 2005 y hasta la fecha la presencia de mujeres en los cargos de magistratura en el Poder Judicial ha ido en constante crecimiento, se observa que a medida que se escala a las esferas superiores de la judicatura esta situación se invierte. En razón de estos datos, cabe preguntarnos ¿cuáles son las razones tras la baja presencia de mujeres en los cargos jerárquicos del Poder Judicial chileno?

Considerando que en el ámbito nacional son pocos los estudios cualitativos y con enfoque de género que centren su atención en develar los factores que determinan la baja participación de mujeres en los puestos de decisión y poder, principalmente dentro de la labor judicial, es que en este libro se pretende ahondar sobre la disparidad de género en los puestos de mayor jerarquía dentro del Poder Judicial, especialmente dentro del máximo tribunal de la nación, a fin de identificar y comprender los factores que

6 Para octubre de 2020, la Corte Suprema está compuesta por las ministras Sras. Rosa María Maggi, Rosa Del Carmen Egnem Saldías, María Eugenia Sandoval Gouet, Gloria Ana Chevesich Ruiz, Andrea María Mercedes Muñoz Sánchez, Ángela Francisca Vivanco Martínez, María Angélica Cecilia Repetto García y Adelita Ravanales Arriagada.

7 A octubre de 2020 la Corte Suprema se encuentra compuesta por 20 ministros y ministras, encontrándose 1 puesto vacante.

influyen en la baja presencia de mujeres en el mayor cargo que se puede detentar en el sistema judicial chileno. Este asunto es del todo atingente para enriquecer la discusión de género dentro de los poderes del Estado y propender a la reflexión en esta materia, sobre todo si en los próximos años[8] el poder ejecutivo deberá nombrar cinco nuevos integrantes de la Corte Suprema de Justicia.

Con el propósito de comprender el trayecto que recorren las mujeres durante la carrera judicial, además de identificar los factores que inciden en su postulación y nombramiento al cargo de ministro y ministra de la Corte Suprema, en el primer capítulo de este libro se presenta la historia de las mujeres al interior del Poder Judicial, a fin de ilustrar al lector sobre el tardío ingreso de mujeres a este poder del Estado, el cual por poco más de un siglo estuvo compuesto en su totalidad por hombres. Luego, se presentan datos que hacen patente la feminización del Poder Judicial, institución que desde el año 2005 ha demostrado un crecimiento sostenido en la incorporación de mujeres en los tribunales inferiores, siendo totalmente inversa la situación en las Cortes de Apelaciones y Corte Suprema.

En el tercer capítulo de este texto se ahonda en el sistema de nombramiento de ministros y ministras de la Corte Suprema, haciéndose una revisión de las actas de nominación elaboradas por el máximo tribunal entre los años 2001 y 2020, entregándose datos acerca del número de postulaciones, nominaciones y nombramientos acaecidos en una mujer a lo largo de ese periodo de tiempo.

---

[8] En efecto, durante el mandato de Sebastián Piñera (2018-2022) se deberán nombrar un total de 8 ministros o ministras de Corte Suprema, tres de los cuales ya fueron nombrados durante el desarrollo de esta investigación.

En la parte final del libro, y en base a la revisión histórica efectuada, la observación de los datos, la revisión doctrinaria y el análisis de las entrevistas llevadas a cabo, se presentan los factores que, a opinión de la autora, influyen en el camino hacia el ascenso de las magistradas pertenecientes al Poder Judicial[9]. En este punto del libro, mediante el valioso relato aportado por las siete ministras entrevistadas y la fiscala judicial de la Corte Suprema, se grafica el difícil camino que deben recorrer las mujeres dentro de la carrera judicial. Las entrevistadas[10], cuya historia profesional permitió culminar esta investigación corresponden a:

- Ministra de la Corte Suprema de Justicia, Sra. Rosa María Maggi;
- Ministra de la Corte Suprema de Justicia, Sra. Andrea Muñoz;
- Fiscala Judicial de la Corte Suprema, Sra. Lya Cabello;
- Exministra de la Corte de Apelaciones de Santiago, Sra. Dobra Lusic;

---

9 En este punto, se deben tener presente las limitaciones de extensión de la metodología cualitativa. Así, en vista a que la cantidad de personas entrevistadas en este estudio es considerablemente menor al total de personas que podrían entrevistarse (total de ministras de tribunales superiores de Chile), en ningún caso los resultados obtenidos podrán tener un carácter de representatividad a nivel nacional y/o local. No obstante aquello, se debe destacar que los resultados cualitativos poseen una importante función exploratoria, ya que permiten develar y comprender aspectos poco estudiados, aportando novedad a los resultados obtenidos, lo que a su vez destaca la necesidad de seguir ahondando en la materia.

10 En el anexo se acompaña una breve biografía de cada una de las entrevistadas.

- Ministra de la Corte de Apelaciones de Iquique, Sra. Mónica Olivares;
- Ministra de la Corte de Apelaciones de Coyhaique, Sra. Alicia Araneda;
- Ministra de la Corte de Apelaciones de La Serena, Sra. Marta Maldonado, y;
- Una quinta ministra de Corte de Apelaciones que solicitó mantener en reserva su identidad.

Es así como, entrelazando las entrevistas efectuadas con los enunciados de Mary Douglas (1986) sobre la formación de las instituciones; lo expuesto por Sherry Ortner (1979), María García Canal (1988), Carol Pateman (1996), Rita Segato (2016), Sonia Montecino (2013) y Marcela Lagarde (2000, 2015) sobre la delimitación espacial entre público y privado y su relación con las normativas de género y la dicotomía naturaleza/cultura; además de lo señalado por Carol Hymowitz (1986, 2004) y Timothy Schellhardt (1986) sobre las trayectorias de las mujeres en las instituciones públicas y/o privadas; y entre otras autoras; en el presente libro se identifican una serie de factores que se conjugan para determinar el recorrido de las mujeres al interior del Poder Judicial chileno, los que corresponden a: i) la cultura judicial; ii) el sistema de nombramiento de los ministros y ministras de la Corte Suprema; iii) la reacción del medio externo ante la presencia de mujeres en las esferas de decisión y poder, y; iv) la presencia de las mujeres en la Corte Suprema.

Finalmente, se debe señalar que, la autora no solo es abogada, sino que también feminista y funcionaria del Poder Judicial, de manera tal que su interés en estos asuntos se relaciona directamente con sus aspiraciones de aportar al desarrollo en temáticas de género al interior de la institución en la que se desenvuelve profesionalmente, difundir las importantes acciones que se han efectuado dentro del Poder Judicial en materia de fortalecimiento y protección de los derechos de las mujeres, y, principalmente, visibilizar el difícil camino que han tenido que sortear las entrevistadas durante su carrera judicial; senda cuyos obstáculos continúan siendo la piedra de tope en el desarrollo profesional de muchas de las magistradas de nuestro país.

Historia de las mujeres en el Poder Judicial

La Corte Suprema de Justicia de Chile fue instituida en la Constitución Política de la República de 1823 (Bravo, 2003). Por su parte, con la Constitución Política de 1925 se comienza a hablar por primera vez en nuestro país del «Poder Judicial», dándosele a este el carácter de poder independiente dentro del Estado (Poder Judicial de Chile, s/f).

Desde su creación, y en virtud de la decisión adoptada por la Corte Suprema en septiembre de 1893 que declaró no existir impedimento legal alguno para que las mujeres participaran de los concursos para proveer los cargos de la institución, la representación de mujeres dentro de este poder del Estado ha ido en constante crecimiento alcanzando niveles impensados hace dos siglos atrás (Dirección de Estudios de la Corte Suprema, 2019).

En este apartado, se presentará la historia de las mujeres en el Poder Judicial, desde Matilde Throup, primera mujer en oponerse a un concurso de la institución, hasta el nombramiento de la primera ministra de la Corte Suprema, Sra. María Antonia Morales Villagrán.

Matilde Throup Sepúlveda, primera mujer en oponerse a un concurso del Poder Judicial

El 06 de junio de 1892 Matilde Throup Sepúlveda se convirtió en la primera abogada de la historia de Chile (Klimpel, 1962). Luego de obtener su título, ese mismo año postuló al cargo de secretario del Juzgado de Letras, Notario y Conservador de Bienes Raíces de la ciudad de Ancud, transformándose en la primera mujer en oponerse a un concurso del Poder Judicial. «La Corte de Apelaciones de Concepción, que conocía de esta oposición, pidió un informe en derecho al Fiscal de turno, respecto a su procedencia, el que estimó que por ser mujer no podía acceder al puesto, criterio que hizo suyo el tribunal de alzada mediante resolución publicada el 06 de abril de 1893» (Martínez, 2017, s/p). En dicho fallo se expresó:

> «(...) que, además, prohibiendo la Ley que la mujer pueda ser testigo en un testamento solemne, con mayor razón le prohíbe que pueda ser ministro de fe; que el precepto constitucional que asegura a todos los habitantes de la República la admisión a todos los empleos y funciones públicas, sin otras condiciones que las que impongan las leyes, no se contraría en el caso contemplado, ya que, según queda establecido, la mujer está inhabilitada por ley para poder ser nombrada Notario o Secretaria de un Juzgado» (Klimpel, 1962, p. 169).

Matilde Throup apeló a la Corte Suprema, la cual revocó la decisión inicial el 23 de septiembre de 1893, sentando un precedente respecto al derecho de las mujeres para acceder a cargos públicos en que se requería el título de abogado, en igualdad de condiciones que los hombres (Dirección de Estudios de la Corte Suprema, 2019). La sentencia expresaba:

> «3°.- Que si bien las costumbres y el estado social de la mujer en el país la han mantenido constantemente alejada de la generalidad de las funciones públicas, no es esta, como no lo son tampoco las consideraciones que puedan deducirse de su naturaleza física o de su condición moral o de la conveniencia del Estado, razones que, en caso de controversia que haya de resolverse por los Tribunales de Justica, con arreglo para negar un derecho reconocido explícitamente por la Constitución.
>
> 4°.- Que este derecho de la mujer se entiende limitado solo cuando leyes especiales, teniendo en vista modificaciones operadas en el modo de ser social de aquélla o consultando intereses o propósitos de otra especie, restringen, de alguna manera su capacidad legal para ejercer determinadas funciones públicas; (...).
>
> 7°.- Que establecido el antecedente de doña Matilde Throup, no obstante su sexo, tiene constitucionalmente derecho, como todo habitante de la República para ser admitida al desempeño de los empleos públicos que pretende, falta solo considerar si reúne las condiciones que exige la ley para presentarse como aspirante al concurso abierto para la previsión de dichos empleos;
>
> 8°.- Que los arts. 337 y 393 de la Ley de Organización y Atribuciones de los Tribunales de 15 de Octubre de 1865, solo exigen como requisito especial para poder ser Secretaria de un Juzgado de Letras, para poder ser Notario, la calidad de abogado, calidad de que la solicitante

> se halla en posesión desde el 06 de Junio de 1892, fecha en que esta Corte le expidió el correspondiente título, en conformidad al art. 403 de la citada ley de 15 de Octubre de 1875;
>
> 9°.- Que no hay razón para suponer que la palabra abogado empleada en el citado artículo 337 se refiere solo a un sexo, puesto que la naturaleza de la disposición y su contexto no lo manifiesta claramente, ni existe en la historia del establecimiento de la ley, antecedentes del cual pueda deducirse que deba entenderse de otro modo que en el sentido general en que está usada y comprendida, por tanto, de los dos sexos, como lo previene el art. 25 del Código Civil» (Ibíd).

Posteriormente, la primera abogada fue también la primera mujer en postular a un concurso para el cargo de oficial civil de la primera circunscripción de Santiago, siendo admitida al examen. Poco tiempo después se opuso al cargo de Notario público de Santiago, no solo siendo admitida al examen, sino que además el tribunal la incluyó en la terna que remitió al Supremo Gobierno (Ibíd).

Claudina Acuña Montenegro, primera mujer en ingresar a la carrera judicial

En abril de 1925, «la quinta mujer que se tituló de abogada en Chile, Claudina Acuña Montenegro, fue nombrada secretaria del juzgado de Santa Cruz. Fue la primera mujer en entrar a la carrera judicial» (Academia Chilena de Historia, 2006, p. 327). Dentro del Poder Judicial se desempeñó como secretaria de los Juzgados de Santa Cruz (1925) y Curicó (1935); juez suplente de Juzgado de Curicó (1936); secretaria Suplente 4° Juzgado del Crimen de Santiago (1940); secretaria 2° Juzgado del Crimen de Santiago (1941); secretaria 1° Juzgado Civil Mayor Cuantía de Santiago (1945); y secretaria 3° Juzgado Mayor Cuantía Crimen Valparaíso (1961). Luego de 36 años en la institución, se jubiló el 1° de julio de 1961 (Dirección de Estudios de la Corte Suprema, 2019).

Fannie Leibovich Guberman, primera ministra de Corte de Apelaciones

El 12 de noviembre de 1971, Fannie Leibovich Gubermann asumió como ministra de la Corte de Apelaciones de Valparaíso, convirtiéndose en la primera mujer en detentar un cargo de alta jerarquía en el Poder Judicial (Ibíd). Su carrera judicial inició el 31 de octubre de 1934, cuando asumió el cargo de secretaria del Juzgado de Menores de Valparaíso. Posteriormente fue nombrada como jueza del 1° Juzgado de Menores de Valparaíso, en febrero de 1959. El último cargo dentro de su carrera fue de ministra de Corte de Apelaciones de Valparaíso, cargo que ejerció desde noviembre de 1971 hasta poco tiempo después, debido a su fallecimiento el día 30 de mayo de 1972 (Ibíd).

Raquel Camposano Echegaray, primera mujer en integrar una quina a la Corte Suprema

La primera vez que una mujer figuró en una quina para la Corte Suprema fue en el año 1997, correspondiendo a la ministra de la Corte de Apelaciones de Santiago, Sra. Raquel Camposano

Echegaray. En dicha oportunidad «[e]l Presidente no la consideró. Seis meses más tarde los supremos la volvieron a proponer, y nuevamente el Ejecutivo la dejó fuera» (*La Segunda*, 2013, s/p).

La ministra Camposano obtuvo su grado de abogada en septiembre de 1949, ingresando al Poder Judicial en 1950 al cargo de secretaria del Juzgado de Menor Cuantía de Pedro de Valdivia. Durante su carrera judicial detentó los siguientes cargos: secretaria suplente del Juzgado de Santa Cruz (1952); jueza del 1° Juzgado de Letras de Santa Cruz (1959); jueza suplente del 1° Juzgado de Letras de San Fernando (1965); jueza del 5° Juzgado de Menores de Santiago (1973); jueza del 2° Juzgado del Crimen de Santiago (1973); ministra de la Corte de Apelaciones de Rancagua (1978); y ministra de la Corte de Apelaciones de Santiago (1982) (Bravo, 2011).

María Antonia Morales Villagrán, primera ministra de la Corte Suprema

El 05 de noviembre de 2001 se nombró a la primera ministra de la Corte Suprema, la Sra. María Antonia Morales, quien asumió en el cargo «[e]n una ceremonia histórica a la que asistió el presidente chileno Ricardo Lagos, (...) todos los integrantes de la Corte Suprema, el presidente del Senado, Andrés Zaldívar, y el ministro de Justicia, José Antonio Gómez, entre otras autoridades de gobierno» (*La Estrella*, 2001, s/p).

La ministra Morales ingresó al Poder Judicial en 1953 al cargo de Oficial 2° del 1° Juzgado Civil de San Miguel. Cuatro años después, el 04 de diciembre de 1961, juró como abogada ante la Corte Suprema. Durante su carrera judicial detentó los siguientes cargos: Oficial 2° del 1° Juzgado Civil de San Miguel (1953); Oficial 1° del 6° Juzgado Civil de Menor Cuantía de Santiago (1959); jueza del Juzgado de Menor Cuantía de Pedro de Valdivia (1962); jueza del Juzgado de Letras de Menor Cuantía de Sewell (1965); secretaria del 1° Juzgado del Crimen de Santiago (1969); jueza del 1° Juzgado del Crimen de San Miguel (1973); Relatora de la Corte de Apelaciones de Santiago (1974); jueza del 4° Juzgado Civil de Santiago (1978); ministra de la Corte de Apelaciones de Santiago (1985); y ministra de la Corte Suprema (2001). La ministra Morales cesó en el ejercicio del cargo por cumplimiento de la edad máxima permitida para desempeñarse en el cargo (75 años), a contar del 01 de septiembre de 2006 (Bravo, 2011).

Mónica Maldonado Croquevielle, primera fiscala Judicial de la Corte Suprema

En octubre de 1960 se nombró a la primera mujer fiscal en la historia del Poder Judicial, la Sra. María Luisa Mardones (Klimpel, 1962), quien asumió el cargo en la Corte de Apelaciones de Valdivia (Bravo, 2011). Cuarenta años después de este histórico hecho, la Sra. Mónica Maldonado Croquevielle se convirtió en la primera mujer en asumir el cargo de fiscal Judicial de la Corte Suprema, asumiendo el cargo el 05 de noviembre de 2001.

La fiscala judicial ingresó al Poder Judicial el año 1964 al cargo de oficial del fiscal de la Corte de Apelaciones de Santiago. Posteriormente, el día 15 de diciembre de 1969, juró como abogada ante la Corte Suprema. Durante su carrera judicial detentó los siguientes cargos: oficial del fiscal de la Corte de Apelaciones de Santiago (1964); secretaria del 7° Juzgado Civil de Menor Cuantía de Santiago (1970); jueza del Juzgado de Menores de Llanquihue (1974); secretaria de la Corte de Apelaciones de Puerto Montt (1976); fiscal de la Corte de Apelaciones de Puerto Montt (1978); fiscal de la 4° fiscalía de la Corte de Apelaciones de Santiago (1983); fiscal de la Corte Suprema (2001) (Ibíd). Con fecha 27 de junio de 2014 la fiscala oficializó su renuncia al cargo, siendo despedida en ceremonia ante el Pleno de la Corte Suprema el día 30 de junio del mismo año.

Presencia de mujeres en el Poder Judicial en el periodo 2005-2020[1]

Presencia de mujeres en el Poder Judicial

De acuerdo a los datos de la Dirección de Estudios de la Corte Suprema (2019-2020), desde el año 2005 la presencia de mujeres en el Poder Judicial ha ido en constante crecimiento:

Gráfico N° 1. Composición del Poder Judicial por sexo (incluida la Corporación Administrativa del Poder Judicial).

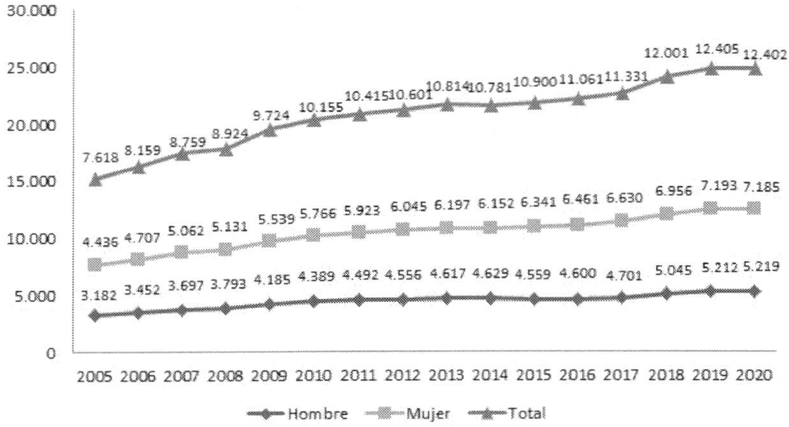

---

1 Los gráficos que se acompañan en este capítulo fueron elaborados por la Dirección de Estudios de la Corte Suprema (2019), siendo actualizados por la autora con los datos extraídos desde la misma unidad de estudios (2020). Los datos se encuentran actualizados al 02 de marzo de 2020.

Del total de funcionarios que integran el Poder Judicial incluyendo a la Corporación Administrativa del Poder Judicial, para marzo de 2020, 7.185 corresponden a mujeres y 5.219 a hombres. En términos porcentuales equivale al 57,9% y al 42,06% respectivamente, de manera tal que se desempeñan al interior del Poder Judicial un 15,87% más de mujeres que de hombres.

Presencia de mujeres según jurisdicción

En lo que respecta a la distribución de mujeres según jurisdicción, para marzo de 2020, en la mayoría de las jurisdicciones la presencia de mujeres es superior a la de los hombres, siendo la jurisdicción de la Corte de Apelaciones de San Miguel la que presenta una mayor cantidad de mujeres con un porcentaje de 62,6% de funcionarias; a diferencia de la jurisdicción de la Corte de Apelaciones de Coyhaique, en la cual el porcentaje de mujeres es de 47% (Secretaría Técnica de Igualdad de Género y No Discriminación del Poder Judicial, 2020).

TABLA N° 1.

NÚMERO DE MUJERES POR JURISDICCIÓN A DICIEMBRE DE 2019[2].

	NÚMERO ABSOLUTO			DISTRIBUCIÓN PORCENTUAL		
Jurisdicción	Hombres	Mujeres	Total	Hombres	Mujeres	Brecha
CA Arica	104	115	219	47,5%	52,5%	5,0%
CA Iquique	139	151	290	47,9%	52,1%	4,1%
CA Antofagasta	195	321	516	37,8%	62,2%	24,4%
CA Copiapó	148	186	334	44,3%	55,7%	11,4%
CA La Serena	196	315	511	38,4%	61,6%	23,3%
CA Valparaíso	544	779	1323	41,1%	58,9%	17,8%
CA Santiago	1030	1538	2568	40,1%	59,9%	19,8%
CA San Miguel	460	769	1229	37,4%	62,6%	25,1%
CA Rancagua	236	349	585	40,3%	59,7%	19,3%
CA Talca	277	400	677	40,9%	59,1%	18,2%
CA Chillán	123	144	267	46,1%	53,9%	7,9%
CA Concepción	394	597	991	39,8%	60,2%	20,5%
CA Temuco	249	372	621	40,1%	59,9%	19,8%
CA Valdivia	207	270	477	43,4%	56,6%	13,2%
CA Puerto Montt	191	258	449	42,5%	57,5%	14,9%
CA Coyhaique	89	79	168	53,0%	47,0%	-6,0%
CA Punta Arenas	101	92	193	52,3%	47,7%	-4,7%
Corte Suprema	531	461	992	53,5%	46,5%	-7,1%
Total	**5.214**	**7.196**	**12.410**	**42,0%**	**58,0%**	**16,0%**

[2] Esta tabla fue elaborada por la Secretaría Técnica de Género y no Discriminación del Poder Judicial (2020), encontrándose los datos actualizados al 31 de diciembre de 2019.

Presencia de mujeres según jerarquía del tribunal

Tribunales inferiores de justicia

En relación a la distribución de los jueces y juezas en los tribunales inferiores de justicia, de acuerdo con el siguiente gráfico, entre el año 2005 y 2020 ha existido un comportamiento de distribución constante que se traduce en que, para marzo de 2020, aproximadamente el 60% de los miembros de la judicatura sean mujeres, mientras que el 40% correspondan a hombres (Dirección de Estudios de la Corte Suprema, 2019-2020).

Gráfico N° 2.
Distribución de jueces y juezas en los tribunales inferiores de justicia.

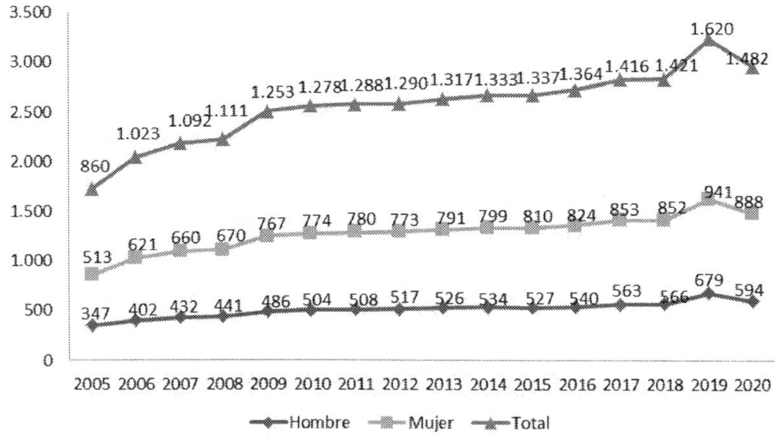

Cortes de Apelaciones

En lo que respecta a los tribunales superiores de justicia, se observa que la situación descrita en el apartado anterior se invierte en las Cortes de Apelaciones del país:

Gráfico N° 3.
Distribución de ministros y ministras de Cortes de Apelaciones.

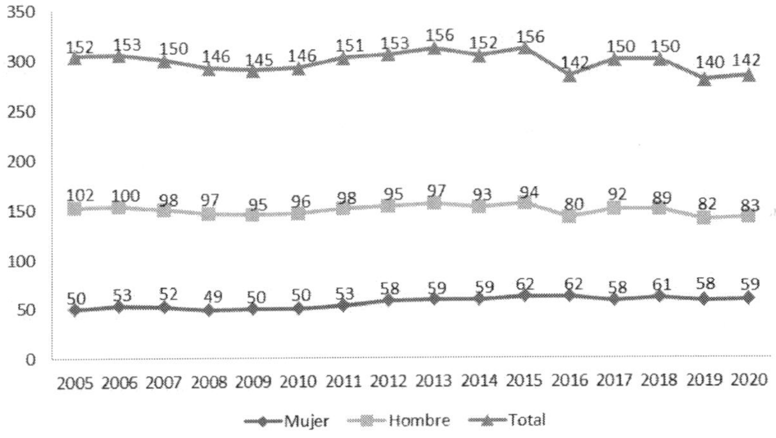

Atendiendo lo anterior, se puede señalar que ha existido un aumento del porcentaje de mujeres ministras en las Cortes de Apelaciones durante el período analizado, el cual se ha mantenido constante en los últimos años observándose que, de un total de 142 ministros y ministras de Cortes de Apelaciones a marzo de 2020, el 58,4% de ellos corresponden a hombres, mientras que el 41,5% a mujeres (Ibíd).

Corte Suprema

En lo que respecta a la composición de la Corte Suprema, desde el año 2005 a 2020 ha habido un aumento considerable del porcentaje de mujeres ministras durante el período, cuyo porcentaje al 2005 representaba el 5% alcanzando un 40% a octubre de 2020 (Ibíd).

Gráfico N° 4.
Distribución de ministros y ministras de la Corte Suprema.

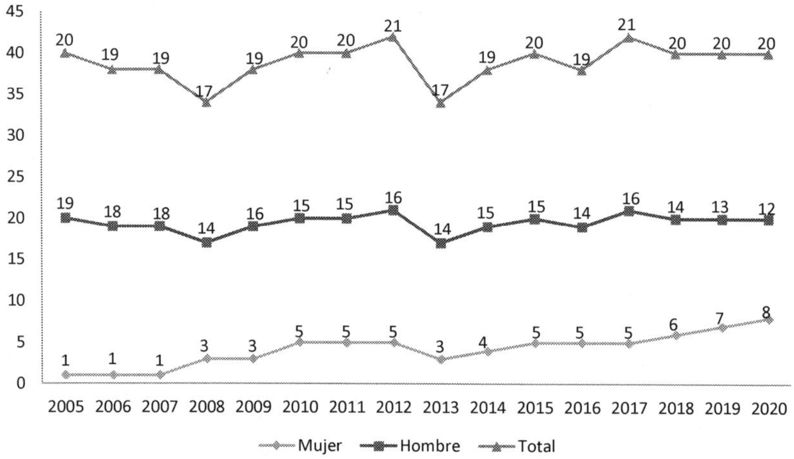

Sistema de nombramiento de ministros y ministras de la Corte Suprema

En base a la revisión normativa y lo develado en las entrevistas, con posterioridad a la reforma constitucional de 1997, es posible distinguir dos periodos en la historia de los nombramientos de ministros y ministras de la Corte Suprema, cuya separación la marca la dictación del Acta N° 275-2008, auto acordado sobre publicidad de cinquenas y ternas, de 7 de noviembre de 2008.

Hasta antes de la dictación de dicho auto acordado, y de acuerdo a lo establecido en el artículo 279 del Código Orgánico de Tribunales, para proveer el cargo en calidad de titular de ministro o fiscal judicial de la Corte Suprema, correspondiente a las vacantes de integrantes del Poder Judicial, no se procedía a abrir concurso público de antecedentes, a diferencia del caso de las vacantes reservadas a abogados externos a la institución[1]. Con la dictación del mencionado auto acordado,

1 El artículo 78 de la Constitución Política de la República, establece solo para los casos en que se provea una vacante correspondiente a abogados extraños a la administración de justicia, la realización de un concurso público de antecedentes, guardando silencio respecto a las vacantes correspondientes a los miembros del Poder Judicial. Para mayor ahondamiento revisar: MacClure, Lucas. 2019. «Nombramientos de ministros de las cortes de apelaciones y

para la designación en calidad de titular de ministros, ministras y fiscal(a) de la Corte Suprema, se procede a abrir concurso de antecedentes, sea entre ministros y ministras de Cortes de Apelaciones o abogados ajenos al Poder Judicial, según el caso.

Cabe mencionar que, desde la reforma constitucional de 1997, e independientemente del periodo al que nos refiramos, para proveer al cargo de ministro y ministra de la Corte Suprema, el máximo tribunal debe elaborar una quina, la llamada «cinquena», que envía al Presidente de la República, quien elige un nombre de entre los cinco nominados, el que debe ser ratificado por el Senado por acuerdo de 2/3 de sus miembros en ejercicio. Finalmente, el Presidente de la República dicta un decreto con el que finaliza el proceso de nombramiento[2].

En vista de lo señalado, el análisis del sistema de nombramiento de ministros y ministras de la Corte Suprema se debe efectuar en base a dos fases:

1. La primera desde las reformas constitucionales de 1997 y hasta la dictación del Acta 275-2008 (noviembre de 2008), periodo en que, para conformar las cinquenas para proveer al cargo de ministro o ministra del máximo tribunal correspondiente a las vacantes exclusivas para miembros de la institución, no mediaba oposición

de la Corte Suprema», en el siguiente link: https://www.cepchile.cl/cep/site/docs/20190523/20190523170012/dpp_032_lmacclure_mayo2019.pdf.

2 Para mayor información sobre el sistema de nombramiento de ministros y ministras de Corte Suprema, revisar las siguientes disposiciones: artículo 78 de Constitución Política de la República, artículos 254, 257, 281, 282 y 283 del Código Orgánico de Tribunales.

de antecedentes, sino que su elaboración se efectuaba mediante nominación de integrantes del Poder Judicial por parte de la misma Corte Suprema.

2. La segunda desde la dictación del Acta 275-2008 hasta la actualidad, periodo en que para la designación en calidad de titular de ministro o ministra de la Corte Suprema, se abre concurso de antecedentes, ya sea entre miembros del Poder Judicial o abogados ajenos a este, según el caso.

En los siguientes párrafos se analizarán las cinquenas elaboradas por la Corte Suprema en cada uno de los periodos mencionados. Se debe tener presente que las tablas y gráficos que se acompañan fueron elaborados por la autora en virtud de la información obtenida en la Base histórica de autos acordados del Poder Judicial[3], la cual cuenta con las cinquenas elaboradas desde 2001, de manera tal que el primer periodo se analizará desde aquel año[4].

---

[3] Sitio web: http://www.pjud.cl/busqueda-auto-acordados.

[4] Cabe mencionar que los motores de búsqueda utilizados fueron:
Búsqueda avanzada:

- Búsqueda por datos: sin fecha.
- Búsqueda en el contenido del documento:
  - Literal: cinquena.

Cinquenas elaboradas entre marzo de 2001 y agosto de 2008

En el siguiente cuadro se puede observar que desde el año 2001 y hasta la dictación del Acta 275-2008 (noviembre de 2008), de los 18[5] procesos efectuados para proveer al cargo de ministro o ministra de Corte Suprema (tanto para funcionarios internos como para abogados externos), en 13 de estos figuraron mujeres en las cinquenas presentadas al Presidente de la República, es decir, en más de la mitad de las quinas (72,2%) existía la posibilidad de elegir una mujer para ocupar el cargo. No obstante, de estos 13 casos, en solo 4 oportunidades fue nombrada una mujer de las cuales todas eran funcionarias judiciales.

Tabla N° 2.
Cinquenas elaboradas entre marzo de 2001 y agosto de 2008.

Fecha conformación cinquena	Cinquena	Corte de Apelaciones de procedencia	Nombramiento
2001 Marzo	Don Jaime Chamorro Navia	Iquique	
	Don Hernán Matus Valencia	San Miguel	
	Don Domingo Kokisch Mourgues	Santiago	Nombrado
	Don Milton Juica Arancibia	Santiago	
	Don Nibaldo Segura Peña	Valdivia	

[5] Como prevención metodológica, se debe señalar que, en el análisis efectuado en este apartado no se consideraron las tres cinquenas que fueron dejadas sin efecto (abril 2005, diciembre 2005 y junio 2008).

2001 Marzo	Don Jaime Chamorro Navia	Iquique	
	Don Adalis Oyarzún Miranda	Santiago	
	Don Carlos Pereira Castro	Valparaíso	
	Don Milton Juica Arancibia	Santiago	Nombrado
	Don Hernán Matus Valencia	San Miguel	
2001 Junio	Don Jaime Chamorro Navia	Iquique	
	Don Hernán Matus Valencia	San Miguel	
	Don Adalis Oyarzún Miranda	Santiago	
	Don Nibaldo Segura Peña	Valdivia	Nombrado
	Don Alfredo Pfeiffer Richter	Santiago	
2001 Agosto	Don Jaime Chamorro Navia	Iquique	
	Don Hernán Matus Valencia	San Miguel	
	Don Adalis Oyarzún Miranda	Santiago	
	Doña María Antonia Morales Villagrán	**Santiago**	**Nombrada**
	Don Cornelio Villarroel Ramírez	Santiago	
2002 Abril	Don Jaime Chamorro Navia	Iquique	
	Don Adalis Oyarzún Miranda	Santiago	Nombrado
	Don Hernán Matus Valencia	San Miguel	
	Don Alfredo Pfeiffer Richter	Santiago	
	Don Juan Araya Elizalde	Santiago	
2005 Abril	Don Lenin Lillo Hunzinker	Temuco	Sin efecto
	Don Julio Torres Allú	Valparaíso	
	Doña Margarita Herreros Martínez	**San Miguel**	
	Don Alfredo Pfeiffer Richter	Santiago	
	Doña Gabriela Pérez Paredes	**Santiago**	

2005 Julio	Don Lenin Lillo Hunzinker	Temuco	
	Don Julio Torres Allú	Valparaíso	
	Don Rubén Ballesteros Cárcamo	Santiago	Nombrado
	Don Alfredo Pfeiffer Richter	Santiago	
	Doña Gabriela Pérez Paredes	**Santiago**	
2005 Septiembre	Don Lenin Lillo Hunzinker	Temuco	
	Don Julio Torres Allú	Valparaíso	
	Doña Margarita Herreros Martínez	**San Miguel**	
	Doña Gabriela Pérez Paredes	**Santiago**	
	Don Sergio Muñoz Gajardo	Santiago	Nombrado
2005 Diciembre	Don Lenin Lillo Hunzinker	Temuco	Sin efecto
	Don Julio Torres Allú	Valparaíso	
	Doña Margarita Herreros Martínez	**Santiago**	
	Don Carlos Cerda Fernández	Santiago	
	Doña Gabriela Pérez Paredes	**Santiago**	
2006 Abril	Don Lenin Lillo Hunzinker,	Temuco	
	Don Julio Torres Allú	**Valparaíso**	
	Doña Margarita Herreros Martínez	**Santiago**	**Nombrada**
	Don Héctor Carreño Seaman	San Miguel	
	Doña Gabriela Pérez Paredes	**Santiago**	
2006 Mayo	Don Lenin Lillo Hunzinker	Temuco	
	Don Julio Torres Allú	Valparaíso	
	Doña Gabriela Pérez Paredes	**Santiago**	
	Don Hugo Dolmestch Urra	Santiago	Nombrado
	Don Héctor Carreño Seaman	San Miguel	

2006 Junio	Don Oscar Herrera Valdivia	Abogado externo	
	Doña Luz María Jordán Astaburuaga	**Abogada externa**	
	Don Carlos Kunsemüller Loebenfelder	Abogado externo	
	Don Pedro Pierry Arrau	Abogado externo	
	Don Raúl Patricio Valdés Aldunate	Abogado externo	Nombrado
2006 Agosto	Don Lenin Lillo Hunzinker	Temuco	
	Don Julio Torres Allú	Valparaíso	
	Doña Gabriela Pérez Paredes	**Santiago**	
	Don Juan Araya Elizalde	Santiago	Nombrado
	Don Héctor Carreño Seaman	San Miguel	
2006 Octubre	Don Lenin Lillo Hunzinker	Temuco	
	Don Julio Torres Allú	Valparaíso	
	Doña Gabriela Pérez Paredes	**Santiago**	
	Don Héctor Carreño Seaman	San Miguel	Nombrado
	Doña Dobra Lusic Nadal	**Santiago**	
2006 Octubre	Don Angel Cruchaga Gandarillas	Abogado externo	
	Don Oscar Herrera Valdivia	Abogado externo	
	Don Mauricio Jacob Chocair	Abogado externo	
	Don Carlos Kunsemüller Loebenfelder	Abogado externo	
	Don Pedro Pierry Arrau	Abogado externo	Nombrado

2006 Diciembre	Don Lenin Lillo Hunzinker	Temuco	
	Don Julio Torres Allú	Valparaíso	
	Don Alfredo Pfeiffer Richter	Santiago	
	Doña Gabriela Pérez Paredes	**Santiago**	**Nombrada**
	Doña Sonia Araneda Briones	**Santiago**	
2007 Mayo	Don Juan Carlos Cárcamo Olmos	Abogado externo	
	Don Osvaldo Contreras Strauch	Abogado externo	
	Don Mauricio Jacob Chocair	Abogado externo	
	Don Carlos Kunsemüller Loebenfelder	Abogado externo	Nombrado
	Doña María Eugenia Sandoval Gouët	**Abogada externa**	
2007 Mayo	Don Lenin Lillo Hunzinker	Temuco	
	Don Julio Torres Allú	Valparaíso	
	Don Juan Escobar Zepeda	Santiago	
	Don Alfredo Pfeiffer Richter	Santiago	
	Doña Sonia Araneda Briones	**Santiago**	**Nombrada**
2008 Abril	Don Julio Torres Allú	Valparaíso	
	Don Alfredo Pfeiffer Richter	Santiago	
	Don Haroldo Brito Cruz	Santiago	Nombrado
	Don Guillermo Silva Gundelach	Concepción	
	Doña Rosa María Maggi Ducommun	**Santiago**	
2008 Junio	Don Julio Torres Allú	Valparaíso	Sin efecto
	Don Alfredo Pfeiffer Richter	Santiago	
	Don Guillermo Silva Gundelach	Concepción	
	Don Eduardo Alejandro Solis Muñoz	Santiago	
	Doña Rosa María Maggi Ducommun	**Santiago**	

Agosto 2008	Don Julio Torres Allú	Valparaíso	
	Don Juan Manuel Muñoz Pardo	Santiago	
	Don Guillermo Silva Gundelach	Concepción	Nombrado
	Don Eduardo Alejandro Solis Muñoz	Santiago	
	Doña Rosa María Maggi Ducommun	Santiago	

Cabe mencionar que de un universo de 37[6] nominados, 8 de estos correspondieron a mujeres, de las cuales 6 fueron funcionarias judiciales y 2 abogadas externas al Poder Judicial.

GRÁFICO N° 5.
NOMINACIONES SEGREGADAS POR SEXO.
PERIODO MARZO DE 2001 - AGOSTO DE 2008.

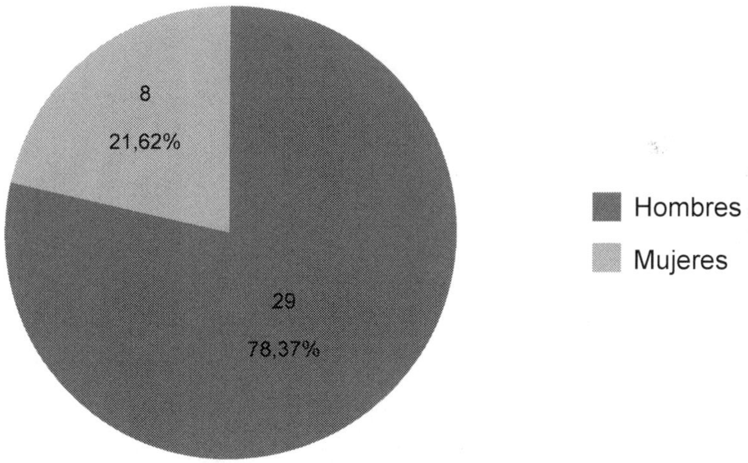

[6] Si bien en los 18 procesos de selección el universo total de nominados fue de 90, se descontaron las veces en que un mismo participante integró más de una quina.

Gráfico N° 6.
Nombramientos segregados por sexo.
Periodo marzo de 2001 - agosto de 2008.

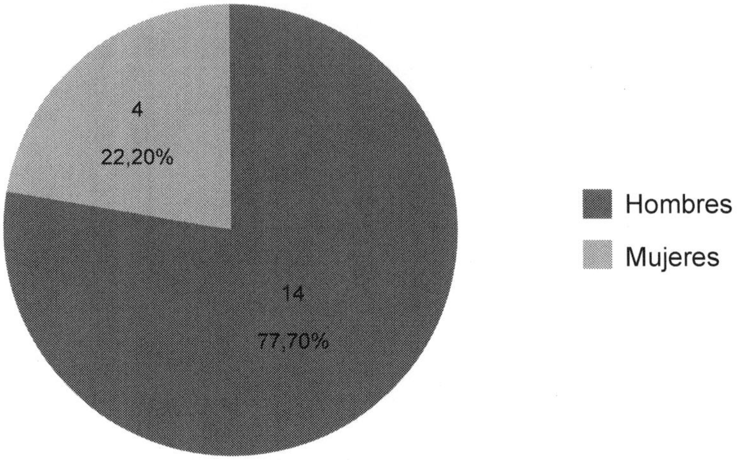

En lo que respecta a la distribución por territorio jurisdiccional de los y las nominadas pertenecientes al Poder Judicial, las cinquenas se integraron en su mayoría por personas provenientes de la jurisdicción de la Corte de Apelaciones de Santiago[7] (70,37% de los casos); en lo que respecta a las mujeres nominadas, estas en su totalidad prevenían de dicha Corte.

---

[7] Se debe tener en consideración que para este cálculo se descontaron las veces en que un mismo participante integró más de una quina. El número de nominados en las cinquenas ascendió a un total de 27.

Gráfico N° 7.
Nominados y nominadas pertenecientes al Poder Judicial segregados por jurisdicción.
Periodo marzo de 2001 - agosto de 2008.

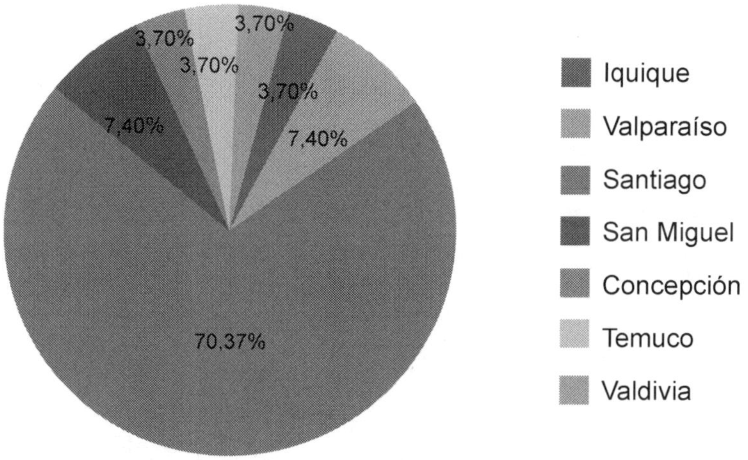

Finalmente, los ministros y ministras de la Corte Suprema nombrados en el periodo marzo de 2001 a agosto de 2008 –en los procesos exclusivos para miembros del Poder Judicial–, en su mayoría provenían de la jurisdicción de la Corte de Apelaciones de Santiago (80% de los casos); en el caso de las mujeres nombradas, estas en su totalidad provenían de dicha Corte.

Gráfico N° 8.
Nombramientos de ministros y ministras de Corte Suprema segregados por jurisdicción[8].
Periodo marzo de 2001 - agosto de 2008.

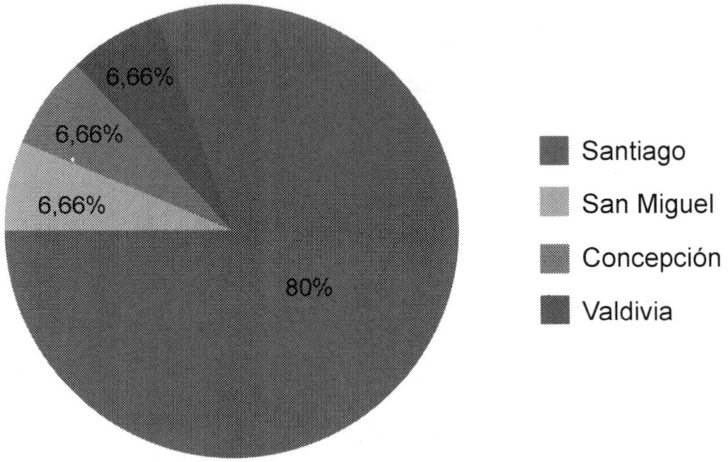

Cinquenas elaboradas entre diciembre 2008 y octubre 2020

Efectuando una revisión de los procesos de nombramiento para proveer al cargo de ministro y ministra del máximo tribunal (para integrantes del Poder Judicial y abogados externos), llevados a cabo con posterioridad a la dictación del Acta 275-2008, (noviembre de 2008), se observa que, de los 18 concursos realizados hasta octubre de 2020, en 16 de ellos postularon mujeres.

8 Se contemplan únicamente los nombramientos para las vacantes exclusivas para miembros del Poder Judicial.

Por su parte, de estos 16 concursos, en 11[9] de ellos al menos una mujer figuró en la cinquena, es decir, en más de la mitad de las quinas (68,75%) en las que postuló al menos una ministra de Corte de Apelaciones o abogada externa, ha existido la posibilidad de elegir una mujer para ocupar el cargo. Finalmente, en 8 de los 18 procesos finalizados a octubre de 2020, una mujer ha sido nombrada en el cargo.

Tabla N° 3.

Postulaciones y cinquenas elaboradas entre diciembre de 2008 y octubre de 2020.

Fecha conformación cinquena	Postulantes	Cinquena	Nombramiento
2008 Diciembre	**Doña Rosa María Maggi Ducommun**	Don Julio Torres Allú Don Alfredo Pfeiffer Richter Don Carlos Aránguiz Zuñig **Doña Rosa María Maggi Ducommun** **Doña Rosa Egnem Saldías**	**Doña Rosa María Maggi Ducommun**
	Don Alfredo Pfeiffer Richter		
	Don Carlos Aranguiz Zuñiga		
	Don Juan Eduardo Fuentes Belmar		
	Don Eduardo Solís Muñoz		
	Doña Rosa Egnem Saldías		
	Don Juan Nolberto Escobar Zepeda		
	Don Lamberto Cisternas Rocha		
	Don Hernán González García		
	Don Roberto Contreras Olivares		
	Don Rodrigo Biel Melgarejo		
	Don Darío Carretta Navea		
	Don Eduardo Meins Olivares		
	Don Ricardo Blanco Herrera		

9 Como prevención metodológica, se debe señalar que, en el análisis efectuado en este apartado no se consideró la cinquena que fue dejada sin efecto en 2020.

2009 Julio	Don Alfredo Pfeiffer Richter	Don Julio Torres Allú Don Alfredo Pfeiffer Richter Don Carlos Aránguiz Zuñiga Don Víctor Montiglio Rezzio **Doña Rosa Egnem Saldías**	**Doña Rosa Egnem Saldías**
	Don Carlos Ramón Aranguiz Zuñiga		
	Don Víctor Montiglio Rezzio		
	Doña Rosa Egnem Saldías		
	Don Eduardo Alejandro Solís Muñoz		
	Don Juan Eduardo Fuentes Belmar		
	Don Darío Ildemaro Carretta Navea		
	Don Lamberto Cisternas Rocha		
	Don Hernán González García		
	Don Ricardo Blanco Herrera		
	Don Roberto Contreras Olivares		
	Don Jorge Gonzalo Dahm Oyarzún		
	Don Eduardo Meins Olivares		
	Don Alejandro Madrid Crohare		
	Don Jorge Zepeda Arancibia		
2009 Diciembre	Don Mauricio Jacob Chocair	Don Mauricio Roberto Jacob Chocair **Doña María Eugenia Montt Retamales** **Doña María Eugenia Sandoval Gouét** Don Oscar Hito Herrera Valdivia Don Daniel Peñailillo Arévalo	Don Mauricio Roberto Jacob Chocair
	Doña María Eugenia Montt Retamales		
	Doña María Eugenia Sandoval Gouét		
	Don Oscar Herrera Valdivia		
	Don Juan Carlos Cárcamo Olmos		
	Don Emilio Pfeffer Urquiaga		
	Don Daniel Peñailillo Arévalo		
	Don Ángel Cruchaga Gandarillas		
	Doña María Feres Nazarala		
	Don Domingo Hernández Emparanza		
	Doña Maricruz Gómez de la Torre		
	Don Ricardo Sandoval López		

2010 Diciembre	Don Oscar Herrera Valdivia Don Domingo Hernández Emparanza **Doña María Eugenia Sandoval Gouét** Don Emilio Pfeffer Urquiaga Don Daniel Peñailillo Arévalo Don Juan Carlos Cárcamo Olmos **Doña María Eugenia Montt Retamales** Don Ricardo Sandoval López Don Francisco Tapia Guerrero Don Rodrigo Asenjo Zegers Don Ángel Cruchaga Gandarillas	Don Oscar Herrera Valdivia Don Domingo Hernández Emparanza **Doña María Eugenia Sandoval Gouét** Don Emilio Pfeffer Urquiaga Don Daniel Peñailillo Arévalo	**Doña María Eugenia Sandoval Gouét**
2011 Agosto	Don Carlos Ramón Aranguiz Zuñiga Don Juan Eduardo Fuentes Belmar Don Lamberto Cisternas Rocha Don Alfredo Pfeiffer Richter Don Raúl Mera Muñoz Don Juan Pedro Shertzer Díaz Don Carlos Cerda Fernández Don Ricardo Blanco Herrera Don Roberto Contreras Olivares Don Jorge Zepeda Arancibia Don Alejandro Madrid Crohare	Don Juan Escobar Zepeda Don Alfredo Pfeiffer Richter Don Carlos Aránguiz Zuñiga Don Juan Eduardo Fuentes Belmar Don Lamberto Cisternas Rocha	Don Juan Eduardo Fuentes Belmar
2012 Julio	Don Carlos Ramón Aránguiz Zuñiga Don Juan Manuel Muñoz Pardo Don Lamberto Cisternas Rocha Don Juan Escobar Zepeda Don Carlos Cerda Fernández Don Raúl Mera Muñoz Don Ricardo Blanco Herrera Don Darío Carretta Navea Don Hernán González García Don Mario Gómez Montoya Don Roberto Contreras Olivares	Don Alfredo Pfeiffer Richter Don Carlos Cerda Fernández Don Carlos Aránguiz Zuñiga Don Juan Manuel Muñoz Pardo Don Lamberto Cisternas Rocha	Don Lamberto Cisternas Rocha

2012 Diciembre	Don Juan Manuel Muñoz Pardo	Don Alfredo Pfeiffer Richter Don Carlos Cerda Fernández Don Carlos Aránguiz Zuñiga Don Juan Manuel Muñoz Pardo Don Ricardo Blanco Herrera	Don Ricardo Blanco Herrera
	Don Ricardo Blanco Herrera		
	Don Juan Escobar Zepeda		
	Don Carlos Cerda Fernández		
	Don Carlos Ramón Aránguiz Zuñiga		
	Doña Gloria Ana Chevesich Ruiz		
	Don Jorge Dahm Oyarzún		
	Don Juan Pedro Schertzer Díaz		
	Don Raúl Mera Muñoz		
	Doña Dobra Lusic Nadal		
	Don Rodrigo Biel Melgarejo		
	Doña Emma Díaz Yevenes		
	Don Mario Gómez Montoya		
	Don Miguel Eduardo Vázquez Plaza		
	Don Roberto Contreras Olivares		
2013 Mayo	**Doña Gloria Ana Chevesich Ruiz**	Don Alfredo Pfeiffer Richter Don Carlos Cerda Fernández Don Carlos Aránguiz Zuñiga Don Juan Manuel Muñoz Pardo **Doña Gloria Ana Chevesich Ruiz**	**Doña Gloria Ana Chevesich Ruiz**
	Don Carlos Ramón Aránguiz Zuñiga		
	Don Juan Manuel Muñoz Pardo		
	Don Juan Escobar Zepeda		
	Don Carlos Cerda Fernández		
	Don Raúl Mera Muñoz		
	Don Jorge Dahm Oyarzún		
	Don Roberto Contreras Olivares		
	Don Rodrigo Biel Melgarejo		
	Don Darío Carretta Navea		
	Don Hernán González García		
	Don Mario Gómez Montoya		
	Don Miguel Eduardo Vázquez Plaza		
	Don Juan Pedro Schertzer Díaz		

2013 Mayo	Don Jorge Lagos Gatica Don Daniel Peñailillo Arévalo Don Miguel Ángel Nacrur Gazali **Doña Virginia Cecily Halpern Montecino** **Doña Andrea Muñoz Sánchez** Don Julio Reyes Madariaga Don Ángel Cruchaga Gandarillas Don Antonio Barra Rojas	Don Jorge Lagos Gatica Don Daniel Peñailillo Arévalo Don Miguel Ángel Nacrur Gazali **Doña Virginia Cecily Halpern** **Doña Andrea Muñoz Sánchez**	**Doña Andrea Muñoz Sánchez**
2013 Julio	Don Carlos Cerda Fernández Don Raúl Mera Muñoz Don Juan Escobar Zepeda Don Carlos Ramón Aránguiz Zúñiga Don Juan Manuel Muñoz Pardo Don Manuel Valderrama Rebolledo Don Miguel Eduardo Vázquez Plaza Don Jorge Dahm Oyarzún Don Juan Pedro Shertzer Díaz Don Mario Gómez Montoya **Doña Dobra Lusic Nadal** Don Rodrigo Biel Melgarejo **Doña María Teresa Letelier Ramírez** Don Roberto Contreras Olivares	Don Alfredo Pfeiffer Richter Don Juan Escobar Zepeda Don Carlos Cerda Fernández Don Carlos Aránguiz Zuñiga Don Raúl Mera Muñoz	Don Carlos Aránguiz Zuñiga
2014 Marzo	Don Carlos Cerda Fernández Don Juan Manuel Muñoz Pardo Don Raúl Mera Muñoz Don Alfredo Pfeiffer Richter Don Juan Pedro Shertzer Díaz Don Jorge Dahm Oyarzún Don Miguel Vázquez Plaza Don Mario Gómez Montoya Don Mauricio Silva Cancino Don Roberto Contreras Olivares Don Manuel Valderrama Rebolledo **Doña Dobra Lusic Nadal** Don Jorge Zepeda Arancibia	Don Juan Escobar Zepeda Don Carlos Cerda Fernández Don Alfredo Pfeiffer Richter Don Juan Manuel Muñoz Pardo Don Raúl Mera Muñoz	Don Carlos Cerda Fernández

2015 Julio	Don Jorge Dahm Oyarzún Don Juan Manuel Muñoz Pardo Don Juan Pedro Shertzer Díaz Don Hernán González García Don Mario Gómez Montoya Don Mauricio Silva Cancino Don Raúl Mera Muñoz Don Miguel Vázquez Plaza **Doña Alicia Araneda Espinoza** Don Roberto Contreras Olivares Don Javier Moya Cuadra Don Manuel Valderrama Rebolledo Don Omar Astudillo Contreras **Doña María A. Repetto García** Don Mario Carroza Espinosa	Don Alfredo Pfeiffer Richter Don Jorge Dahm Oyarzún Don Juan Pedro Shertzer Díaz Don Roberto Contreras Olivares Don Manuel Valderrama Rebolledo	Don Manuel Valderrama Rebolledo
2015 Agosto	Don Jorge Dahm Oyarzún Don Juan Manuel Muñoz Pardo Don Juan Pedro Shertzer Díaz Don Hernán González García Don Mario Gómez Montoya Don Mauricio Silva Cancino Don Miguel Vázquez Plaza **Doña Alicia Araneda Espinoza** Don Roberto Contreras Olivares Don Javier Moya Cuadra **Doña María Repetto García** Don Mario Carroza Espinosa	Don Alfredo Pfeiffer Richter Don Jorge Dahm Oyarzún Don Mauricio Silva Cancino Don Roberto Contreras Olivares **Doña María Angélica Repetto García**	Don Jorge Dahm Oyarzún

2018 Abril	Don Jorge Baraona González **Doña Rosa Clark Medina** **Doña Valentina Durán Medina** **Doña Rosa M. Leonor Etcheberry Court** Don Héctor Humeres Noguer Don Ramiro Méndez Urrutia Don Miguel Nacrur Gazali Don Emilio Pfeffer Urquiaga **Doña Ania Salinas Cerda** Don Gastón Salinas ligarte Don Eduardo Sepúlveda Crerar **Doña Ángela Vivanco Martínez**	**Doña Rosa María Leonor Etcheberry** Don Jorge Baraona González **Doña Ángela Vivanco Martínez** Don Emilio Pfeffer Urquiaga Don Gastón Salinas Ugarte	**Doña Ángela Vivanco Martínez**
2018 Septiembre	Don Rodrigo Biel Melgarejo Don Juan Manuel Muñoz Pardo Don Hernán González García Don Mario Gómez Montoya Don Mauricio Silva Cancino Don Raúl Mera Muñoz Don Roberto Contreras Olivares **Doña Dobra Lusic Nadal** Don Javier Moya Cuadra Don Leopoldo Llano Sagistrá Don Hernán Crisosto Greisse **Doña María Angélica Repetto García** Don Mario Carroza Espinosa **Doña María Carolina Catepillán Lobos** Don Ricardo Pairicán García	Don Julio Miranda Lillo Don Mauricio Silva Cancino Don Roberto Contreras Olivares **Doña Dobra Lusic Nadal** Don Javier Moya Cuadra	Don Mauricio Silva Cancino

2019 Marzo	Don Juan Manuel Muñoz Pardo Don Eduardo Meins Olivares Don Mario Gómez Montoya Don Miguel Vázquez Plaza Don Roberto Contreras Olivares **Doña Dobra Lusic Nadal** Don Leopoldo Llanos Sagristá Don Mario Rojas González Don Juan Cristóbal Mera Muñoz Don Jaime Arancibia Pinto **Doña María Angélica Repetto García** Don Mario Carroza Espinosa **Doña María Carolina Catepillán Lobos** **Doña María Teresa Díaz Zamora**	Don Sergio Mora Vallejos Don Miguel Vázquez Plaza Don Roberto Contreras Olivares **Doña Dobra Lusic Nadal** **Doña María Angélica Repetto García**	**Doña María Angélica Repetto García**
2019 Agosto	Don Juan Manuel Muñoz Pardo Don Miguel Vázquez Plaza Don Roberto Contreras Olivares Don Leopoldo Llanos Sagristá Don Hernán Crisosto Greisse Don Mario Rojas González Don Juan Cristóbal Mera Muñoz Don Mario Carroza Espinosa **Doña María Carolina Catepillán** **Doña Sylvia Pizarro Barahona**	Don Sergio Mora Vallejos Don Miguel Vázquez Plaza Don Roberto Contreras Olivares Don Leopoldo Llanos Sagristá Don Mario Carroza Espinosa	Don Leopoldo Llanos Sagristá

2020 Marzo	Don Hernán Fernando González García	Don Sergio Mora Vallejos Don Raúl Mera Muñoz Don Mario Carroza Espinosa **Doña María Soledad Melo Labra** **Doña Jessica González Troncoso**	Sin efecto.
	Don Raúl Eduardo Mera Muñoz		
	Don Miguel Eduardo Vázquez Plaza		
	Don Roberto Ignacio Contreras Olivares		
	Don Hernán Crisosto Greisse		
	Don Jaime Patricio Arancibia Pinto		
	Don Diego Gonzalo Simpértigue Limare		
	Doña Adelita Inés Ravanales Arriagada		
	Doña María Soledad Melo Labra		
	Don Mario Rolando Carroza Espinosa		
	Doña Jessica de Lourdes González Troncoso		
	Doña María Carolina Catepillán Lobos		
2020 Agosto	Don Hernán Fernando González García	Don Sergio Mora Vallejos **Doña Adelita Inés Ravanales Arriagada** **Doña María Soledad Melo Labra** Don Mario Carroza Espinosa **Doña Jessica González Troncoso**	Doña Adelita Inés Ravanales Arriagada
	Don Raúl Eduardo Mera Muñoz		
	Don Miguel Eduardo Vázquez Plaza		
	Don Roberto Ignacio Contreras Olivares		
	Don Hernán Crisosto Greisse		
	Don Jaime Patricio Arancibia Pinto		
	Don Diego Gonzalo Simpértigue Limare		
	Doña Adelita Inés Ravanales Arriagada		
	Doña María Soledad Melo Labra		
	Don Mario Rolando Carroza Espinosa		
	Doña Jessica de Lourdes González Troncoso		
	Doña María Carolina Catepillán Lobos		

Si bien del total de concursos efectuados entre diciembre de 2008 y octubre de 2020 en un 88,8% de los casos al menos una mujer postuló al cargo, además de componer las quinas en la mayor parte de las oportunidades, se observa que del universo total de candidatos, la participación de mujeres es muy baja. De esta forma, se aprecia que de un total de 78 postulantes[10], 25 de estos correspondieron a mujeres, de las cuales 14 fueron funcionarias judiciales y 11 abogadas externas al Poder Judicial.

Gráfico N° 9.
Número de postulantes segregados por sexo.
Periodo diciembre 2008 - octubre 2020.

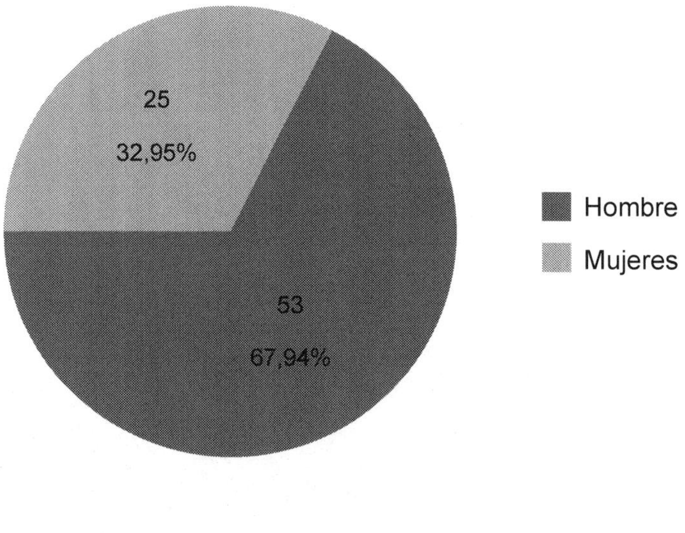

[10] Si bien en los 18 concursos el universo total de postulantes fue de 228, se descontaron las veces en que un mismo participante postuló a más de concurso.

Por su parte, del total de 45[11] postulantes que ingresaron finalmente a las cinquenas, solo 14 de aquellos fueron mujeres, de las cuales 8 correspondieron a funcionarias judiciales y las otras 6 a abogadas externas al Poder Judicial.

Gráfico N° 10.
Composición cinquenas segregadas por sexo.
Periodo diciembre 2008 - octubre 2020.

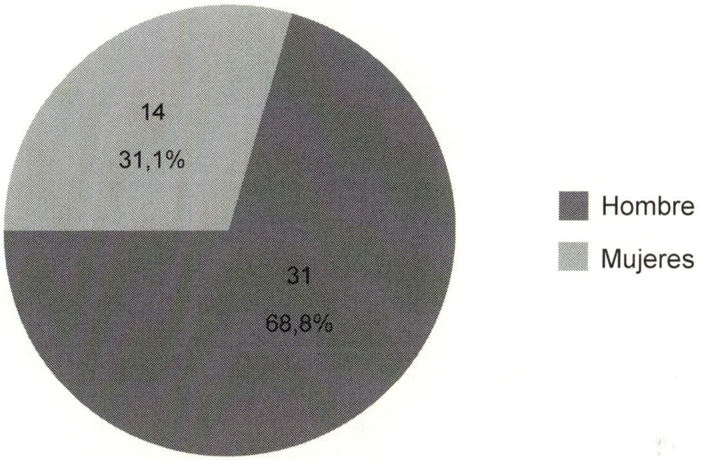

En lo que respecta a los nombramientos efectuados a octubre de 2020 (18 procesos), se observa que en 8 oportunidades una mujer ha sido nombrada en el cargo de ministra de Corte Suprema, de las cuales 5 correspondieron a funcionarias judiciales.

11 Si bien en 18 cinquenas, el universo total de candidatos que ingresaron a las cinquenas fueron 90, se descontaron las veces en que un mismo participante compuso más de una quina.

Gráfico N° 11.
Nombramientos segregados por sexo.
Periodo diciembre 2008 - octubre 2020.

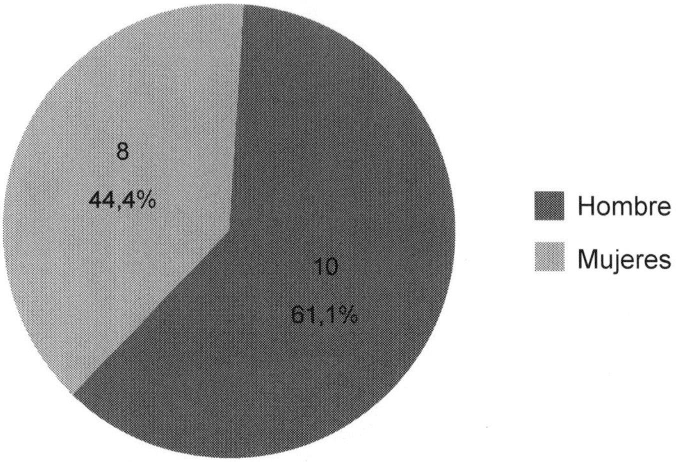

De esta manera, a octubre de 2020 la Corte Suprema está compuesta por 5 ministras provenientes de la carrera judicial (Sras. Rosa María Maggi, Rosa Egnem, Gloria Ana Chevesich, María Angélica Repetto y Adelita Ravanales Arriagada) y 3 ministras que ocupan los cargos designados para abogados externos a la institución (Sras. María Eugenia Sandoval, Andrea Muñoz y Ángela Vivanco).

En lo que respecta a la distribución por territorio jurisdiccional de los y las candidatas, las cinquenas se integraron de la siguiente forma:

Tabla N° 4.
Cortes de Apelaciones de las cuales provenían los candidatos de las cinquenas elaboradas entre diciembre 2008 y octubre 2020[12].

Fecha conformación cinquena	Cinquena	Corte de Apelaciones de procedencia	Nombramiento
2008 Diciembre	Don Julio Torres Allú	Valparaíso	
	Don Alfredo Pfeiffer Richter	Santiago	
	Don Carlos Aránguiz Zuñig	Rancagua	
	Doña Rosa María Maggi Ducommun	**Santiago**	**Nombrada**
	Doña Rosa Egnem Saldías	**San Miguel**	
2009 Julio	Don Julio Torres Allú	Valparaíso	
	Don Alfredo Pfeiffer Richter	Santiago	
	Don Carlos Aránguiz Zuñiga	Rancagua	
	Don Víctor Montiglio Rezzio	Santiago	
	Doña Rosa Egnem Saldías	**San Miguel**	**Nombrada**
2009 Diciembre	Don Mauricio Roberto Jacob Chocair	Abogado externo	Nombrado
	Doña María Eugenia Montt Retamales	Abogada externa	
	Doña María Eugenia Sandoval Gouét	Abogada externa	
	Don Oscar Hito Herrera Valdivia	Abogado externo	
	Don Daniel Peñailillo Arévalo	Abogado externo	
2010 Diciembre	Don Oscar Herrera Valdivia	Abogado externo	
	Don Domingo Hernández Emparanza	Abogado externo	
	Doña María Eugenia Sandoval Gouét	Abogada externa	Nombrada
	Don Emilio Pfeffer Urquiaga	Abogado externo	
	Don Daniel Peñailillo Arévalo	Abogado externo	
2011 Agosto	Don Juan Escobar Zepeda	Santiago	
	Don Alfredo Pfeiffer Richter	Santiago	
	Don Carlos Aránguiz Zuñiga	Rancagua	
	Don Juan Eduardo Fuentes Belmar	Santiago	Nombrado
	Don Lamberto Cisternas Rocha	Santiago	

12 En este análisis no se consideró la cinquena que fue dejada sin efecto en 2020.

2012 Julio	Don Alfredo Pfeiffer Richter	Santiago	
	Don Carlos Cerda Fernández	Santiago	
	Don Carlos Aránguiz Zuñiga	Rancagua	
	Don Juan Manuel Muñoz Pardo	Santiago	
	Don Lamberto Cisternas Rocha	Santiago	Nombrado
2012 Diciembre	Don Alfredo Pfeiffer Richter	Santiago	
	Don Carlos Cerda Fernández	Santiago	
	Don Carlos Aránguiz Zuñiga	Rancagua	
	Don Juan Manuel Muñoz Pardo	Santiago	
	Don Ricardo Blanco Herrera	San Miguel	Nombrado
2013 Mayo	Don Alfredo Pfeiffer Richter	Santiago	
	Don Carlos Cerda Fernández	Santiago	
	Don Carlos Aránguiz Zuñiga	Rancagua	
	Don Juan Manuel Muñoz Pardo	Santiago	
	Doña Gloria Ana Chevesich Ruiz	**Santiago**	**Nombrada**
2013 Mayo	Don Jorge Lagos Gatica	Abogado externo	
	Don Daniel Peñailillo Arévalo	Abogado externo	
	Don Miguel Ángel Nacrur Gazali	Abogado externo	
	Doña Virginia Cecily Halpern	Abogada externa	
	Doña Andrea Muñoz Sánchez	**Abogada externa**	**Nombrada**
2013 Julio	Don Alfredo Pfeiffer Richter	Santiago	
	Don Juan Escobar Zepeda	Santiago	
	Don Carlos Cerda Fernández	Santiago	
	Don Carlos Aránguiz Zuñiga	Rancagua	Nombrado
	Don Raúl Mera Muñoz	Rancagua	
2014 Marzo	Don Juan Escobar Zepeda	Santiago	
	Don Carlos Cerda Fernández	Santiago	Nombrado
	Don Alfredo Pfeiffer Richter	Santiago	
	Don Juan Manuel Muñoz Pardo	Santiago	
	Don Raúl Mera Muñoz	Rancagua	
2015 Julio	Don Alfredo Pfeiffer Richter	Santiago	
	Don Jorge Dahm Oyarzún	Santiago	
	Don Juan Pedro Shertzer Díaz	La Serena	
	Don Roberto Contreras Olivares	San Miguel	
	Don Manuel Valderrama Rebolledo	Santiago	Nombrado

2015 Agosto	Don Alfredo Pfeiffer Richter	Santiago	
	Don Jorge Dahm Oyarzún	Santiago	Nombrado
	Don Mauricio Silva Cancino	Santiago	
	Don Roberto Contreras Olivares	San Miguel	
	Doña María Angélica Repetto García	**Valparaíso**	
2018 Abril	**Doña Rosa María Leonor Etcheberry Court**	Abogado externo	
	Don Jorge Baraona González	Abogado externo	
	Doña Ángela Vivanco Martínez	**Abogada externa**	Nombrada
	Don Emilio Pfeffer Urquiaga	Abogado externo	
	Don Gastón Salinas Ugarte	Abogado externo	
2018 Septiembre	Don Julio Miranda Lillo	Valparaíso	
	Don Mauricio Silva Cancino	Santiago	Nombrado
	Don Roberto Contreras Olivares	San Miguel	
	Doña Dobra Lusic Nadal	Santiago	
	Don Javier Moya Cuadra	Santiago	
2019 Marzo	Don Sergio Mora Vallejos	Coyhaique	
	Don Miguel Vázquez Plaza	Santiago	
	Don Roberto Contreras Olivares	San Miguel	
	Doña Dobra Lusic Nadal	**Santiago**	
	Doña María Angélica Repetto García	**Valparaíso**	Nombrada
2019 Agosto	Don Sergio Mora Vallejos	Coyhaique	
	Don Miguel Vázquez Plaza	Santiago	
	Don Roberto Contreras Olivares	San Miguel	
	Don Leopoldo Llanos Sagristá	Santiago	Nombrado
	Don Mario Carroza Espinosa	Santiago	
2020 Agosto	Don Sergio Mora Vallejos	Coyhaique	
	Doña Adelita Ravanales Arriagada	**Santiago**	Nombrada
	Doña María Soledad Melo Labra	**Santiago**	
	Don Mario Carroza Espinosa	Santiago	
	Doña Jessica González Troncoso	**Santiago**	

De acuerdo a lo anterior, se observa que en las cinquenas elaboradas en el periodo diciembre 2008 y octubre 2020 –en los concursos exclusivos para miembros del Poder Judicial–, los candidatos en su mayoría provenían de la jurisdicción de la Corte de Apelaciones de Santiago[13] (66,66% de los casos); en el caso de las mujeres candidatas, en su totalidad provenían de dicha Corte.

GRÁFICO N° 12.
CANDIDATOS Y CANDIDATAS EN CINQUENAS PROVENIENTES DEL PODER JUDICIAL SEGREGADOS POR JURISDICCIÓN.
PERIODO DICIEMBRE 2008 Y OCTUBRE 2020.

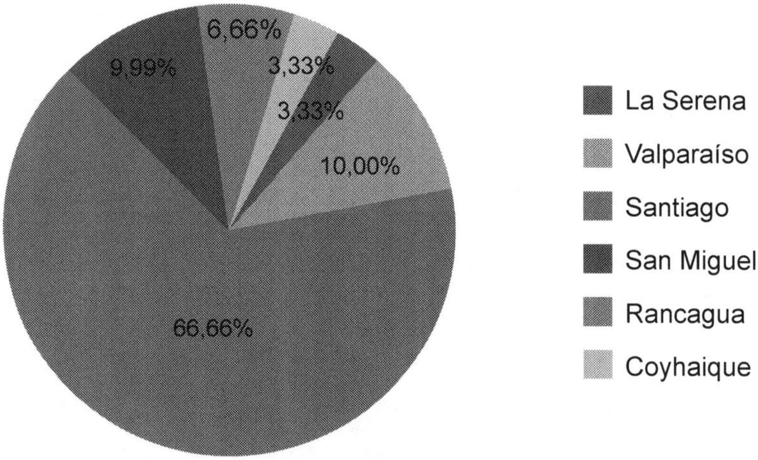

[13] Se debe tener en consideración que para este cálculo se descontaron las veces en que un mismo participante integró más de una quina. El número de postulantes que ingresaron en las cinquenas ascendió a un total de 29.

En lo que se refiere a los ministros y ministras nombrados en el periodo diciembre 2008 y octubre 2020 –en los concursos exclusivos para miembros del Poder Judicial–, estos en su mayoría provienen de la jurisdicción de la Corte de Apelaciones de Santiago (71,42% de los casos); situación que se repite en el caso de las mujeres nombradas de las cuales 3 provienen de dicha Corte, mientras que una proviene de la Corte de Apelaciones de San Miguel y otra de la Corte de Apelaciones de Valparaíso.

Gráfico N° 13.
Nombramiento de ministros y ministras de Corte Suprema segregados por jurisdicción[14].
Periodo diciembre 2008 y octubre 2020.

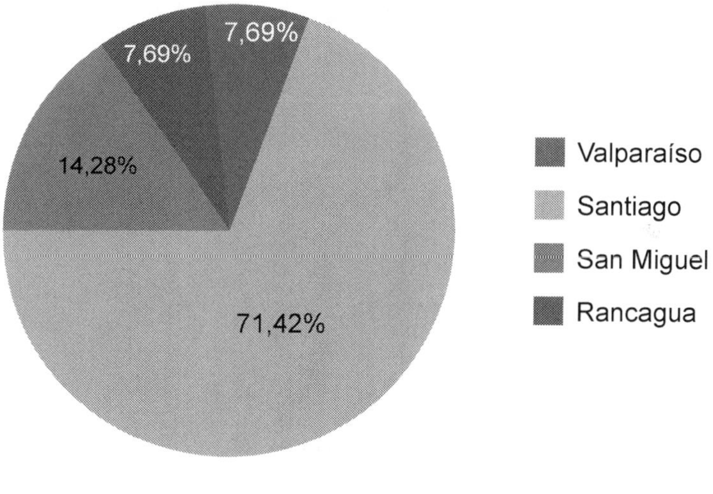

[14] Se contemplan únicamente los nombramientos a las vacantes exclusivas para miembros del Poder Judicial.

Considerando los datos expuestos anteriormente, a modo de síntesis se puede señalar que:

1. Desde el año 2001 y hasta la dictación del Acta 275-2008 en 13 de los 18 procesos efectuados para proveer al cargo de ministro o ministra de Corte Suprema (tanto para funcionarios internos como para abogados externos), figuraron mujeres en las cinquenas presentadas al Presidente de la República.

2. En 4 de estas 13 cinquenas fue nombrada una mujer en el cargo de ministra.

3. De un universo de 37[15] nominados, 8 de estos correspondieron a mujeres, de las cuales 6 fueron funcionarias judiciales y 2 abogadas externas al Poder Judicial.

4. En los procesos de nombramiento efectuados con posterioridad a la dictación del Acta 275-2008, (tanto para funcionarios internos como para abogados externos), se observa que en 16 de los 18 concursos postularon mujeres.

5. Por su parte de estos 16 concursos, en 11 de ellos al menos una mujer figuró en una cinquena.

6. De los 18 procesos concluidos a octubre de 2020, en 8 oportunidades fue nombrada una mujer en el cargo de ministra; de las cuales 5 correspondieron a funcionarias judiciales.

---

15 Si bien en los 18 concursos el universo total de postulantes fue de 90, se descontaron las veces en que un mismo nominado integró más de una quina.

7. De un total de 78 postulantes[16], 25 correspondieron a mujeres, de las cuales 14 fueron funcionarias judiciales y 11 abogadas externas al Poder Judicial.

8. Por su parte, del total de 45[17] postulantes que ingresaron a las cinquenas, solo 14 de aquellos fueron mujeres, de las cuales 8 corresponden a funcionarias judiciales y las otras 6 a abogadas externas al Poder Judicial.

9. Finalmente, de los 36 procesos concluidos a octubre de 2020, en 24 de ellos figuró una mujer en las cinquenas, nombrándose a una de ellas en 12 oportunidades. Esto en contraposición del caso de los hombres, quienes figuraron en la totalidad de las cinquenas elaboradas y fueron nombrados en 24 oportunidades.

16 Si bien en los 18 concursos el universo total de postulantes fue de 228, se descontaron las veces en que un mismo participante postuló a más de un concurso.

17 Si bien en 18 cinquenas, el universo total de candidatos fueron 90, se descontaron las veces en que un mismo participante compuso más de una quina.

Figura N° 1.
Presencia de mujeres en los procesos de nombramiento de ministros y ministras de Corte Suprema.
Periodo marzo 2001 - octubre de 2020.

Figura N° 2.
Presencia de hombres en los procesos de nombramiento de ministros y ministras de Corte Suprema.
Periodo marzo 2001 - octubre de 2020.

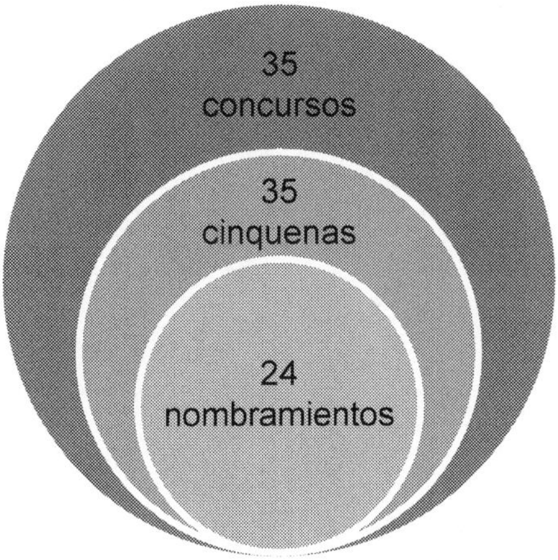

Trayectoria de las mujeres hacia la Corte Suprema

A pesar de ser muchas las mujeres que desempeñan labores jurisdiccionales en el Poder Judicial de nuestro país, la mayoría de ellas cumple sus funciones en los tribunales inferiores de justicia, siendo muy pocas las mujeres que ocupan cargos superiores en la institución. ¿Por qué? ¿Cuáles son las razones tras la baja presencia de mujeres en los cargos jerárquicos de la judicatura?

Para graficar apropiadamente los factores que influyen en la subrepresentación de mujeres en los tribunales superiores del Poder Judicial, se ahondará primeramente en las formulaciones teóricas relativas a las trayectorias de las mujeres al interior de las instituciones.

En las últimas décadas, el ingreso de las mujeres al mundo laboral ha tenido un crecimiento acelerado; sin embargo, su ascenso a las altas escalas directivas ha mostrado ser más lento (Contreras, Pedraza y Mejía, 2011). Ante esta situación, desde el ámbito académico nació la siguiente interrogante: «¿cuál es la razón detrás de esta evidente carencia de mujeres en puestos de poder y autoridad?» (Eagly y Carli, 2007, p. 3). Para contestar esta pregunta se han planteado, entre otras, dos respuestas que vendrían a explicar la situación, estas son las metáforas del *techo de cristal* o *piso pegajoso* y *el laberinto de cristal*.

En 1986, Carol Hymowitz y Timothy Schellhardt columnistas del *Wall Street Journal* ofrecieron una respuesta ante la baja representatividad de mujeres en las esferas de poder: «(...) las pocas mujeres que ascendieron continuamente de rango se estrellaron finalmente contra una barrera invisible. Los puestos más altos parecían estar a su alcance, pero simplemente no podían romper el techo de cristal» (Eagly y Carli, 2007, p. 3). Es así como nació la metáfora del *techo de cristal* para «referirse a todas aquellas barreras invisibles que muchas mujeres encuentran en el mundo laboral y que comportan una discriminación vertical que se aprecia a comprobar cómo disminuye la proporción de mujeres a medida que se asciende en la pirámide de la organización» (Folch y Ramos, 2009, p. 257). Cabe mencionar que, a este fenómeno de discriminación vertical, también se ha llamado *suelo pegajoso*, «ya que parece que las mujeres caminan sobre un suelo, la base de la pirámide, que las engancha y no les permite deprenderse para acceder a posiciones de nivel superior» (Ibíd).

No obstante este escenario, muchas mujeres han superado esas barreras para posicionarse en cargos de alta dirección, razón por la cual en la actualidad esta metáfora es inadecuada pues, «[e]l hecho que mujeres han ocupado puestos como CEO, presidentas de universidades, gobernadoras de Estados y presidentas de países, desmiente aquella declaración» (Eagly y Carli, 2007, p. 4). En este escenario nace la metáfora del *laberinto de cristal*, como símbolo contemporáneo del viaje completo sin meta que recorren las mujeres en el ámbito laboral.

En el año 2004, la columnista Hymowitz, abandonando el concepto de *techo de cristal*, sugirió la metáfora del *laberinto de cristal* para explicar la situación actual de las mujeres en relación al liderazgo: «las mujeres no tienen denegado el acceso a los puestos jerárquicos, sino que, a diferencia de los hombres, tienen que sortear una mayor cantidad de obstáculos para poder alcanzarlos. Este hecho se manifiesta en los datos que evidencian ascensos y promociones mucho más lentas para las mujeres que los hombres, a pesar de que su formación y experiencia laboral sean similares» (Larrieta, Velasco y Bobadilla, 2015, p. 6).

La metáfora del *laberinto de cristal* se condice con la realidad laboral actual, en la cual las mujeres han logrado alcanzar altas esferas de decisión; de esta manera, la idea de un obstáculo único y permanente debe ser abandonada debido a su incapacidad de incorporar la complejidad y variedad de desafíos que las mujeres deben sortear en su camino hacia el liderazgo (Eagly y Carli, 2007). «La verdad es que a las mujeres no se les rechaza justo cuando alcanzan la penúltima etapa de una destacada carrera. Desaparecen en distintas cantidades en varios puntos del camino que lleva a esa etapa» (p.4).

La relación entre lo develado por las entrevistadas para esta investigación con los enunciados teóricos sobre cultura organizacional, la dicotomía entre lo público de lo privado y las recorridos de las mujeres en las instituciones públicas y/o privadas, permite constatar que el trayecto de las magistradas durante su carrera judicial no se da de manera lineal, sino más bien en forma de laberinto, el cual está conformado por una serie de obstáculos que les dificultan el acceso a la cúpula de poder. Estos obstáculos se relacionan con i) la cultura judicial; ii) el sistema de nombramiento de los ministros y ministras de la Corte Suprema; iii) la reacción del medio externo ante la presencia de mujeres en las esferas de decisión y poder, y; iv) la presencia de las mujeres en la Corte Suprema.

Figura N° 3.
Sistematización de los factores que influyen en la baja presencia de mujeres en la Corte Suprema.

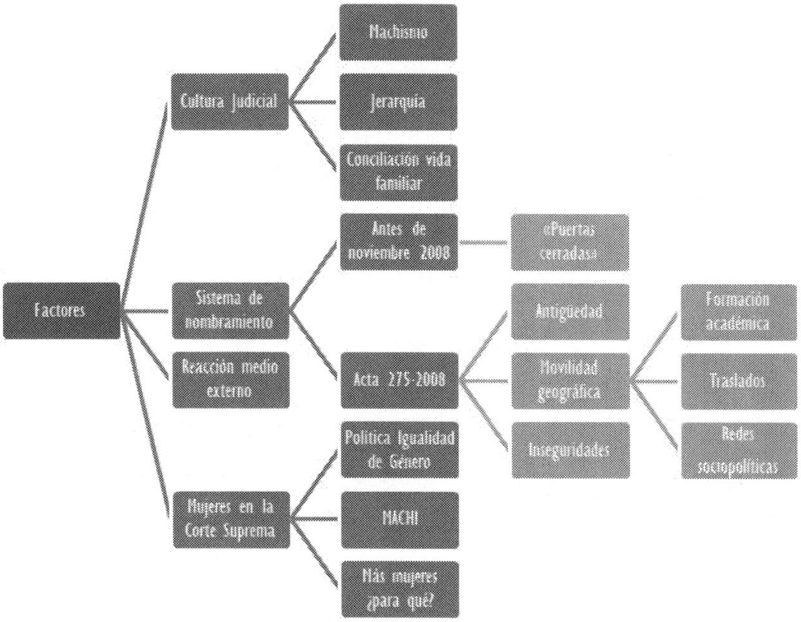

Cultura judicial

Siguiendo los enunciados de Mary Douglas (1986), el Poder Judicial como institución es una agrupación social que se legitima a partir de un conjunto de reglas o símbolos que son considerados por sus miembros como naturalmente dados. Dichos símbolos conforman su cultura institucional, la que en esta investigación se ha llamado *cultura judicial*. Dentro de la cultura judicial se identifican tres factores que influyen en la percepción de la institución en materia de género: el machismo[1] (manifestado en *micro-machismos*[2]), la jerarquización, y las percepciones relativas a la conciliación de la vida familiar y laboral (Poder Judicial, 2015a).

La presencia de machismo o actitudes de superioridad masculina dentro de la cultura judicial, se condice no solo con la regla cultural imperante en nuestro país, sino que además con el desarrollo mismo del derecho y la profesión jurídica, la cual desde sus inicios estuvo ligada exclusivamente a los hombres. Así, lo enunció en 1909, Luis Achurra, en su memoria de prueba para optar al grado de Licenciado en Leyes y Ciencias Sociales en la Universidad de Chile, titulada *De la capacidad de la Mujer-Abogado para el ejercicio de cargos judiciales*: «(...) al tratarse de la redacción de ciertos artículos que permitían creer que las mujeres podían desempeñar cargos judiciales (...) se dijo que no se creía necesario, atendidas las costumbres sociales de la época establecer una inhabilitación especial para las

---

1 Por machismo se entiende «por una parte, una situación social de dominio y privilegio del hombre sobre la mujer en los aspectos económico, jurídico, político, cultural y psicológico, y por otra parte, a los mitos de superioridad del hombre en muchos o todos los aspectos, tales como lo biológico, lo sexual, lo intelectual, lo emocional, etc.» (Gissi, 1975, p. 8).

2 Los *micro-machismos* son aquellas «prácticas de dominación y violencia masculina en la vida cotidiana, del orden de lo «micro», al decir de Foucault, de lo capilar, lo casi imperceptible, lo que está en los límites de la evidencia. (...) Los mm comprenden un amplio abanico de maniobras interpersonales que impregnan los comportamientos masculinos en lo cotidiano (...), se manifiestan como formas de presión de baja intensidad más o menos sutil» (Bonino, 1998, p. 4).

mujeres, porque nadie podría pensar en darles puestos que se consideraban del exclusivo desempeño del hombre» (p. 5 y 10).

Dentro del ámbito de la justicia, en sus inicios los cargos de juez fueron asumidos por hombres, quedando relegadas las mujeres –en el caso extraordinario de no ejercer labores del hogar– a cargos subordinados. Así, continúa Achurra: «[s]e ha dicho que la mujer ha sido hecha para el hogar. Esto es en general cierto, mas no absoluto, según se han encargado de demostrarlo los acontecimientos mismos, los cuales hacen acto de la misma necesidad que en muchos casos se encuentran el hombre y la mujer para ganarse el pan. Pero por más que avance esta en el campo del trabajo manual o intelectual, habrá labores que siempre, (...) estarán fuera del alcance de ella. Tal ocurre con las funciones de juez y varias otras del orden judicial. (...) No puede la mujer, aunque reúna todas las condiciones del caso, formar parte de la administración pública sino en ciertos puestos como lo son instrucción, telégrafos, correos, etc.» (Ibíd, p. 13 y 18). En efecto, hasta no mucho tiempo atrás, las mujeres dentro del Poder Judicial se encontraban en puestos intermedios como regidoras (puestos de elección) y funcionarias de mediana y baja categoría (puestos burocráticos) (Rojas, 1994).

Incluso alcanzando la posición de jueza, las mujeres fueron relegadas a oficios ligados a materias de familia, infancia y protección. Al respecto señala la fiscala judicial, Sra. Lya Cabello:

> *No sé si [en el año] 80' o 81' entré como juez de Río Negro. Y ya en ese tiempo, cuando yo entré, ya se estaba superando esta idea, que era la idea con que se había*

estructurado, no cierto, el ingreso de las mujeres dentro del Poder Judicial, que las mujeres servían para ocupar los cargos de secretaria de los tribunales, o de juezas de familia. Esos eran los dos cargos que podían tener las mujeres.

Ahora bien, aun cuando las mujeres ingresaron a los cargos de magistratura, se les continuó relegando a un estatus subordinado a través del trato, así lo relata la ministra de la Corte Suprema Sra. Rosa María Maggi:

(...) yo recuerdo por ejemplo... ahora a nadie le llama la atención que haya una jueza joven y que esté a cargo de un tribunal, qué se yo, a nadie le llama la atención, pero cuando yo fui jueza, que ya tenía como 37 años, una cosa así, me acuerdo yo que siendo jueza había abogados que me decían «¡Pero mijita, le estoy diciendo! Póngame atención en lo que yo estoy alegando» *y uno decía ¿perdón? ¿cómo? ¿mijita? O sea, esa era la manera como ellos se dirigían a una mujer. Entonces yo recuerdo, por ejemplo, de la ropa, yo tenía que vestirme súper seria para poder imponer respeto en el... cómo se llama, frente a los abogados. Porque si no, como que lo miraban como si uno era una secretaria. ¿Me entiendes?*

Acerca del trato a las mujeres magistradas, la exministra de la Corte de Apelaciones de Coyhaique, Sra. Alicia Araneda, señala:

Tuve un comienzo bastante duro y sufrido. Hoy, mirando hacia atrás en el tiempo, considero que fui víctima de maltrato psicológico grave. En ese momento lo veía como algo normal, yo estaba recién ingresada y tenía un temor reverencial por los jueces, así que no me cuestionaba lo que me pasaba, simplemente aguantaba, porque creía que así debía ser. Pero me consolaba pensando que nada peor de lo que viví en mis inicios, me podía pasar después (...).

Ante lo develado por las entrevistadas se debe hacer una breve mención a los enunciados sobre la división y normativización del espacio y su relación con la diferenciación de género. La modernidad como proyecto civilizatorio y cultural, conlleva una delimitación de espacios en tanto los define y los normativiza, estableciendo para cada lugar funciones particulares y un ordenamiento singular. Tal regionalización funda, de igual modo, una estructura de disciplinamiento de los cuerpos, donde «la diferenciación de género se constituyó en uno de los instrumentos privilegiados de la normativización» (García Canal, 1988, p. 50).

La división del espacio, conllevó la valorización y jerarquización de los mismos, mediante la creación de códigos y normas que establecen qué cuerpos pertenecen a un lugar determinado y qué acciones le competen a cada cual. En este escenario, a los hombres se les reservó el espacio público y a las mujeres por el contrario el espacio privado.

De acuerdo con Sherry Ortner (1979), esta asignación espacial y cultural tiene relación con que las mujeres han sido identificadas con la naturaleza, en oposición a los hombres que se identifican con la cultura. El motivo por el cual se considera a las mujeres más próximas a la naturaleza radica netamente en sus capacidades procreadoras. Por estas mismas funciones de reproducción y crianza, se ha sostenido la dualidad pública-privada, pues «los hombres, al confinar a las mujeres al espacio de la reproducción (a la naturaleza), se liberaron a sí mismo «para los negocios del mundo» y de esa forma crearon y controlaron la cultura» (Pateman, 1996, p. 10).

Esta distribución de los espacios, ha puesto a las mujeres en una posición de inferioridad, debido a que la humanidad busca trascender de una existencia meramente natural, por lo tanto, el espacio público concentra todo el estatus y jerarquía del cual está desprovisto el espacio privado. Así, se evaluó abruptamente el espacio doméstico, considerándose «desprovisto de politicidad, incapaz de enunciado de valor universal e interés general. Margen, verdadero resto de la vida pública, es inmediatamente comprendido como privado e íntimo» (Segato, 2016, p. 94).

El sujeto natural de esta esfera, es también minorizado, lo que se traduce en «(…) tratar a la mujer como "menor" y también a arrinconar sus temas al ámbito de lo íntimo, de lo privado, y, en especial, de lo particular, como "tema de minorías" y, en consecuencia, como tema "minoritario"» (Segato, 2016, p. 91); situación que ha validado «(...) el control del cuerpo femenino, la violencia sobre ese cuerpo cuando no acata el poder masculino, el valor de la maternidad, el trabajo reproductivo y doméstico como una labor de mujeres, etc.; todos ellos construyendo un sistema de valores y posiciones, así como un imaginario que, como sabemos, tiene por función "naturalizar" los argumentos de las desigualdades que produce» (Montecino, 2013, p. 23).

Debido a que el lugar normativo de las mujeres es el espacio privado, es decir, el espacio doméstico, se ha entendido que el fin último de ellas es ser madre, dedicándose a las actividades domésticas y de cuidado. Al respecto señala Marcela Lagarde (2015) que, «todas las mujeres por el solo hecho de serlo son madres y esposas (...) en la feminidad destinada, las mujeres solo existen maternalmente, y solo pueden realizar su existencia maternal a partir de su especialización política como entes inferiorizados en la opresión, dependientes vitales y servidoras voluntarias de quienes realizan el dominio y dirigen la sociedad» (p. 281).

En esta línea de ideas, el lugar social asignado a las mujeres es el espacio privado, estando el espacio público reservado únicamente para el hombre, de manera tal que cuando ellas escapan de la norma establecida, no permanecen en el ámbito privado, ni se consagran incondicionalmente a su calidad de madre y cuidadora –por lo que no son *buenas madres*– la respuesta social es *castigar*, castigo que se puede traducir en múltiples expresiones disciplinatorias. Para efectos de este libro, entenderemos que el castigo que sufren las mujeres que pretenden insertarse al espacio público de toma de decisiones se liga a las dificultades y obstáculos que deben sortear las mismas para alcanzar y mantenerse en dicha posición. Particularmente al tema en análisis, dichas expresiones disciplinarias se ligan a todas las respuestas del espacio judicial que de una u otra manera entorpecen la carrera profesional de las mujeres magistradas dentro del Poder Judicial. En este sentido, lo relatado por las entrevistadas es un claro ejemplo de la reacción del entorno ante la presencia de las mujeres, presencia que molestaría ya que ellas no pertenecerían a dicho espacio.

El hecho de ser el espacio judicial un espacio exclusivo de hombres –situación que es más patente en los escalafones superiores de la institución–, queda en evidencia en *El libro negro de la justicia chilena*, en el cual Alejandra Matus (1999) narra: «Cuando comencé

–en 1990, para el diario *La Época*– no había sala de periodistas en el edificio que alberga a la Corte de Apelaciones de Santiago y a la Corte Suprema. Tampoco baño para mujeres (…)» (p.11). La inexistencia de un baño para mujeres, no es un hecho azaroso, pues el Palacio de Tribunales y en definitiva la administración de justicia en nuestro país, fue concebida para ser compuesta exclusivamente por hombres. Al respecto señala la ministra Sra. Maggi:

> *(…) Hay cosas curiosas, como, por ejemplo, que antes no había baño de mujeres. Y todavía en las Cortes de Apelaciones, aquí en la Corte de Apelaciones de Santiago no hay baño, hay un baño común, para cada sala, te fijas. Acá en la Corte Suprema no había baño de mujeres, hasta que llegó, ¡ah!, Margarita Herrera (…).*

Con la llegada de las primeras mujeres a la Corte Suprema a cargos no relacionados con el secretariado, particularmente a puestos de relatoría[3], se gestaron una serie de cambios como lo fue la creación de baños para mujeres. Por su parte, la llegada de mujeres ocasionó una serie de resistencia por parte de los miembros de la Corte, así como también suspicacias sobre la

[3] En este punto cabe mencionar lo expresado por la ministra Sra. Ravanales en su exposición ante la Comisión de Constitución del Senado el día 28 de septiembre de 2020, en la cual se refirió a la presencia de mujeres en el máximo tribunal: «[c]uando concursé como relatora interina de la Corte Suprema, en 1997, ninguna mujer se desempeñaba como ministra de ese tribunal y, entre los relatores solo había dos mujeres (…)». Poder Judicial de Chile, 2020. Ministra Adelita Ravanales expone ante la Comisión de Constitución del Senado por cupo en la Corte Suprema. Noticias del Poder Judicial, 28 de septiembre de 2020. [En línea] <https://bit.ly/3is0Z8A> [Consultado: 01 de octubre de 2020].

pertinencia de permitir el ingreso de más mujeres a la Suprema. Al respecto señala la fiscala judicial:

> *(...) era una cuestión que no, que con las mujeres no es lo mismo, porque uno no puede estar tan cómodo en sala (...). Incluso tengo el comentario de un colega una vez, que dijo «esto es el colmo», en Santiago, te digo, estoy hablando del año, yo llegué a Santiago el '84. «No puede ser esto que hayan entrado tantas mujeres como relatoras», porque como que entramos todas así de un, como que en una promoción entramos muchas. Entonces, encontraron que eso era realmente muy malo para la Corte, que hubiese tantas mujeres relatoras. Comentario de un colega varón, «No pueden seguir entrando tantas mujeres»».*

Si bien estas claras resistencias no han impedido que se produzcan fenómenos como la feminización paulatina de la judicatura, ni que actualmente sean 8 las mujeres en el cargo de ministra de Corte Suprema; sí han dificultado el normal desarrollo de sus carreras profesionales, obligándolas a efectuar una serie de sacrificios para validar y legitimar su presencia en estos espacios. Así enuncia la ministra Sra. Muñoz:

> *Yo creo que, efectivamente, las mujeres tenemos que validarnos cada día, como entre comillas, de que somos capaces, en cambio para los hombres eso no es así, porque ellos pueden ocupar cualquier espacio. Yo creo que hay una cuestión que efectivamente está muy, muy internalizada, pese a que hay tantas mujeres en el Poder Judicial, en primera instancia. (...) Yo creo que tiene que ver con una cuestión cultural, de que las mujeres, está bien que trabajen*

> *ahí, pero igual tienen que cuidar a los niños, entonces acá es como una suerte de favor, de condescendencia. Es una cuestión que va a cambiar con dificultad, yo creo.*

Estos hechos ya habían sido evidenciados en el estudio del Servicio Civil del año 2017, titulado *Condiciones y Representación de las mujeres en el Sector Público*, en el cual se señaló que las mujeres profesionales, y, especialmente las que están en cargos de toma de decisión, son sometidas a un mayor escrutinio ya que se les exige demostrar las competencias que tienen para estar en ese cargo, lo que a su vez, permea en la conducta de las mujeres profesionales que se esfuerzan por cumplir al máximo con todos los compromisos laborales.

Al respecto señaló la exministra de la Corte de Apelaciones de Coyhaique, Sra. Alicia Araneda:

> *(...) Posteriormente mi vida judicial, ha sido llevadera, solamente con la aprensión de exigirme al máximo para desempeñarme a la par que mis colegas varones, ya que yo, además de juez, era madre y esposa, con las consecuentes obligaciones.*

Asociado a las exigencias de mayor y mejor desempeño, se percibe la idea del *sacrificio*. «Esto puede querer decir por un lado que cualquiera sea el proyecto que las mujeres emprendan va a ser difícil y se van a encontrar obstáculos. Por otro lado, se puede interpretar la idea del sacrificio como la percepción de que para llegar arriba (se supone que se trata del ámbito laboral) se debe perder o dejar algo en el camino. (...) En general se aprecia la idea de que no se puede ganar en todo, que la inserción laboral de las mujeres y una carrera profesional ascendente debe implicar un sacrificio, ya sea por causa de la condición de género o alguna otra» (Stefoni, 2005, p. 116-117).

De lo enunciado por la ministra de la Corte de Apelaciones de Iquique, Sra. Mónica Olivares, se desprende este sentimiento de responsabilidad y cumplimiento con la labor que es de un carácter extraordinario que se percibe como un verdadero sacrificio en pos del buen desarrollo del cargo:

> *(...) mi cooperación en esta corte ha sido eterna, yo contribuyo con todas las redacciones hasta el día de hoy, con todas las redacciones en sala; contribuyo en todos los acuerdos, esté de turno o no esté de turno; corrijo fallos, aunque no esté de turno. Entonces, ha sido una tarea agobiante, es pesadísima, tan pesadísima que ya desde el año pasado empecé con enfermedades asociadas al estrés (...); y a pesar de eso no tomo grandes licencias médicas, porque soy de la época antigua, ¿ah? y siendo antigua tengo otros compromisos u otra forma de ver el trabajo. Soy muy exigente, de nuevo, porque así fui formada. Quizá es una deformación profesional, quizá. (...) ¿Me entiendes a lo que voy? Es una autoexigencia. Pero esa autoexigencia, que me ha hecho, desde mi perspectiva, y si tú conversaras con abogados de libre ejercicio, con la mitad de los empleados y jueces porque no todos comparten mi visión, desde luego, te darás cuenta que he hecho un esfuerzo inmenso en esta jurisdicción para intentar cooperar (...).*

Nombramientos

Aun cuando las mujeres pudieron ingresar al Poder Judicial, su ascenso a las esferas de poder se ha visto dificultado no solo por las creencias y estereotipos de género arraigados en los integrantes de esta institución, sino que además con los procedimientos de nombramiento de los integrantes de la Corte Suprema.

El sistema de nombramiento de ministros y ministras de la Corte Suprema se analizará en dos fases: la primera desde las reformas constitucionales de 1997 y hasta la dictación del Acta 275-2008 (noviembre de 2008), y la segunda desde dicho momento hasta la actualidad. En la primera fase, en los procesos para proveer a las vacantes correspondientes a funcionarios de la institución, no se procedía a abrir concurso público, sino que las cinquenas se elaboraban por el máximo tribunal mediante la nominación de candidatos. Por su parte, en el segundo periodo, los procesos para proveer al cargo de ministro y ministra de Corte Suprema se efectúan mediante concurso de antecedentes ya sea entre los miembros del Poder Judicial o abogados externos.

Puertas cerradas para las mujeres

Se observa que de los 18 procesos de designación de ministros y ministras de Corte Suprema celebrados entre 2001 y noviembre de 2008, en 13 de estos figuraron mujeres en las quinas presentadas al Presidente de la República, es decir, en más de la mitad de las cinquenas (72,2%) existía la posibilidad de elegir a una mujer para ocupar el cargo. No obstante, de estos 13 casos, en solo 4 oportunidades fue nombrada una mujer. Cabe mencionar que, de un universo de 37[4] postulantes, 8 de estos correspondieron a mujeres, de las cuales 6 fueron funcionarias judiciales y 2 abogadas externas al Poder Judicial.

En este punto cabe relevar lo vivenciado por la ministra Sra. Rosa María Maggi, quien fue de las pocas funcionarias que integraron una cinquena durante dicho periodo:

> *La verdad, es que, a mí me pareció sorprendente que yo figurara, o sea, era como una especie de reconocimiento, una cosa gratificante, pero no pensé tampoco (...). La primera vez que tuve un voto, dije «oh, me han considerado». Pero yo, siempre fui bien estudiosa, bien dedicada, o sea, de alguna manera uno piensa que podrían considerarla. Ahí llega un minuto en que dice «yo soy como este, yo soy como este otro, ya tengo la posibilidad». Pero, yo en el caso mío no postulé más que la (...), pero la primera vez que fui en la quina, no quedé, no fui nominada. Entonces, como ya había figurado en una, me atreví a postular en la segunda vez.*

Si bien se ahondará sobre este asunto más adelante, ante las expresiones de sorpresa señaladas por la entrevistada en su relato, se debe hacer mención al concepto de autoestima y su relación con el género. De acuerdo con lo señalado por Marcela Lagarde (2000), las mujeres, al verse insertas en la cultura patriarcal han sido históricamente, tanto ellas como sus actividades, menospreciadas e inferiorizadas, lo que ha

---

4 En los 18 concursos, el universo total de postulantes fue de 90, se descontaron las veces en que un mismo nominado integró más de una quina.

provocado un quiebre en la seguridad y autovaloración que ellas tienen de sí mismas. En definitiva, la opresión de género ha afectado la formación y el desarrollo de la autoestima, marcando negativamente la biografía de las mujeres. «Más allá de las personalidades, emerge en la mayoría de las mujeres un sustrato compartido de baja autoestima en que prevalecen formas de convivencia, socialización y cultura sexista (...)» (p. 187). Las mujeres alimentan la baja autoestima repitiendo afirmaciones que reciben de la cultura, tales como: «no me lo merezco», «no soy suficientemente buena», «es demasiado para mí», «no me veo capaz de...». Estos «autodiálogos» obstaculizan las iniciativas de las mujeres, haciéndolas más pasivas, menos arriesgadas y más conformistas» (Martínez, 2017, p. 57). En este contexto, en el camino hacia el fortalecimiento y desarrollo de la capacidad política o *empoderamiento*, las mujeres deben atravesar por una serie de procesos ya sean individuales o colectivos, que le permitan *perder el miedo* y *atreverse* a tomar acciones en pos de ellas mismas (Lagarde, 2000). En este sentido, tomar una decisión de envergadura como lo es postular a un cargo de poder, no es una tarea sencilla, sino que por el contrario implica un proceso analítico, íntimo, de reflexión en torno a las capacidades propias; lo que en definitiva se traduce en el desprendimiento de los enunciados patriarcales que han marcado la vida de las mujeres.

Ahora bien, en relación al sistema de nombramiento que rigió hasta finales de 2008, refiere la ministra Sra. Rosa María Maggi:

> *Bueno, eh, a mí, personalmente, acerca de lo que habíamos conversado al inicio, en cuanto a las razones por las cuales hay pocas mujeres en la, por ejemplo, en la Corte Suprema, yo creo que hay un factor, que no sé si se ha puesto sobre la mesa, que, hasta el año, diría yo 2009, era la Corte Suprema la que escogía cuáles son las personas que podían incorporarse en la Corte. Antes de hacer las cinquenas, la Corte llamaba, no había postulación, entonces, si uno no era llamado por la Corte como una carta posible, entonces no había posibilidad de que nosotras dijéramos «yo quiero postular a la Corte Suprema». (...) Entonces, la manera como era que uno conseguía un voto, cuando uno ya conseguía un voto decía «uy, ya me están mirando», y entonces a veces se plegaban otros ministros a esos votos, pero era una elección absolutamente de iniciativa de la propia Corte, ¿me entiendes? Entonces, yo creo que ahí es donde estaba la primera valla, porque uno tenía que ser invitado a formar la quina, y dependía del número de votos que, a veces, las personas, si uno votaba por alguien a veces sacaba uno un voto, pero a la próxima cinquena, era probable que tuviera tres o cuatro porque ya decía «mira, esta fulana está (...).*

Siguiendo lo señalado por la entrevistada, la imposibilidad de postular a las vacantes de ministros y ministras de Corte Suprema debe ser considerado como un factor determinante en la baja representación de mujeres en al máximo tribunal, esto, en tanto la elaboración de las quinas estaban supeditadas a la propia decisión de los miembros del tribunal supremo el cual, hasta el año 2001, estaba completamente compuesto por hombres. Sobre este punto señala la fiscala judicial:

> *Pero, pero la causa, es que la Corte Suprema estuvo cerrada a las mujeres, absolutamente cerrada a las mujeres, sin poner ninguna mujer en quina, durante, o sea, hasta, te tendría que recordar el año.*

En cuanto a las razones tras esto señala:

> *Era una cuestión que no, que con las mujeres no es lo mismo, porque uno no puede estar tan cómodo en sala; mira, las explicaciones eran miles (...). Y no aceptaban mujeres en la Suprema. Me acuerdo de una vez, conversando con algún ministro interno, me dijo que no, porque la experiencia que habían tenido, que había habido una mujer cuyo nombre no me acuerdo, antes que la Gabriela, había sido un desastre. Y estaban hablando de años muy, muy anteriores. Y después entra la Gabriela y se cerró pa' las mujeres, ahí postularon varias colegas a relatoras de la Suprema y no entraron, y se vuelve a abrir cuando sube la Gloria Ana, la Gloria Ana Chevesich.*

Agrega finalmente que:

> (...) [La Corte de Apelaciones de] *Santiago estaba vedado para las mujeres.* (...) *Durante muchos, muchos años, muchos años fue solo de hombres, Santiago, y como Santiago proveía a la Corte Suprema, era muy excepcional que nombraron un ministro en la Corte Suprema que no viniera de Santiago. Era casi imposible pensar en una mujer en la Suprema.*

En atención a lo anterior y considerando las concepciones culturales y estereotipos de género regentes en la época analizada, es claro que la baja presencia de mujeres en las quinas haya estado ligado a la resistencia de los integrantes de la Corte a aceptar mujeres en un espacio que por más de un siglo fue ocupado exclusivamente por hombres. El mandato de género es claro, las mujeres ocupan un único espacio, el privado, representado en la casa y ligado a las labores de cuidado y reproducción, resultando insólita la presencia de aquellas en el espacio público de exclusivo dominio masculino, sobre todo considerando la falta de politicidad de estas.

En este sentido, las incomodidades de las cuales hace alusión la fiscala –«uno no puede estar tan cómodo en sala»– pueden ser explicadas a partir de los postulados de Rita Segato, en relación al contrato y el estatus. Segato (2003) señala que estos son dos ejes interconectados, «[u]no horizontal, formado por términos vinculados por relaciones de alianza o competición, y otro vertical, caracterizado por vínculos de entrega o expropiación. Estos dos ciclos se articulan formando un sistema único cuyo equilibrio es inestable» (p. 253). Continúa la autora anunciando que «[e]l estatus (...) rige las relaciones entre categorías sociales o individuos que se clasifican como pares o semejantes. El segundo ordena las relaciones entre categorías que, como el género, exhiben marcas de estatus diferenciados, señas clasificatorias que expresan un diferencial de valor en un mundo jerárquico» (Ibíd).

Ahora bien, estos dos ejes, «son en realidad, dos economías simbólicas articuladas en un único sistema y su interacción puede ser representada gráficamente como el cruce de ambos. Esto es así porque la capacidad de exacción en una economía simbólica de estatus es justamente el requisito indispensable para formar parte del orden de pares. El tributo obtenido es la propia credencial que los miembros de este orden se exigen, unos a otros, para incluirse como semejantes» (Ibíd, p. 254).

De esta forma el sistema de estatus se basa en la usurpación o exacción del poder femenino por parte de los hombres, a fin de lucir su prestigio entre sus pares. Así la posición que le corresponde a las mujeres se ubica ahí donde se entrecruzan ambos ejes (Ibíd). No obstante, al ser aquellas un sujeto social, psíquico y autónomo, una parte de ellas no cabe enteramente en su papel en el orden de estatus, generándose tensiones especialmente cuando transitan desde lo privado a lo público. De esta manera los conflictos se generan cuando lo masculino y lo femenino se encuentran en el mismo espacio del contrato, es decir, gozando de una misma posición de estatus y poder (Montecino, 2013), como vendría a ser el caso de las mujeres que ingresan a la Corte Suprema. En este contexto, no es de extrañar que se generen malestares al entrar las mujeres a conquistar espacios que de acuerdo al sistema de estatus y contrato no les pertenecen y en el cual no son consideradas pares.

Por su parte, la falta de correspondencia de la posición de las mujeres, produce como efecto la necesidad de reducirlas y aprisionarlas en su posición subordinada, por todos los medios posibles (Segato, 2003). Esto explicaría el «cierre de las puertas de la Corte Suprema», además del lento ingreso de mujeres al máximo tribunal, cuyas puertas recién comenzaron a abrirse en 1997 al incorporar a la primera mujer a una cinquena, lo que desembocó en 2001 con el nombramiento de la primera ministra de la Corte Suprema.

Postulaciones abiertas a la Corte Suprema

Con la dictación del Acta 275-2008 de 7 de noviembre de 2008, en los procesos para proveer al cargo de ministros y ministras de Corte Suprema, se procede a abrir concurso público de antecedentes. Del análisis de los procesos de nombramientos celebrados en ese periodo, se observó que, de los 18 concursos realizados, en 16 de ellos postularon mujeres. Por su parte, de estos 16 concursos, en 11 de ellos, al menos una mujer figuró en la cinquena, siendo nombrada una de ellas en 8 de los 18 procesos concluidos a octubre de 2020.

Si bien en un 88,8% de los casos al menos una mujer postuló al cargo, se observa que del universo total de candidatos, la participación de mujeres es muy baja: de un total de 78 postulantes[5], 25 de estos correspondieron a mujeres, de las cuales 14 fueron funcionarias judiciales. Por su parte, de los 44[6] candidatos que ingresaron a las cinquenas, 13 de aquellos fueron mujeres, de las cuales 7 correspondieron a integrantes del Poder Judicial.

En razón a los datos presentados se aprecia, en primer lugar, que los hombres (ya sean funcionarios o abogados externos), postulan en una mayor proporción que las mujeres a los concursos para proveer al cargo de ministro y ministra de Corte Suprema. En segundo lugar, que en la mayoría de los casos que una o más mujeres integran las quinas, son nombradas en el cargo.

---

5 Si bien en los 18 concursos, el universo total de postulantes fue de 228, se descontaron las veces en que un mismo participante postuló a más de concurso.

6 Si bien en 16 cinquenas, el universo total de candidatos fueron 90, se descontaron las veces en que un mismo participante compuso más de una quina.

Finalmente, se debe destacar que es común que en las quinas se repitan en más de una oportunidad las mismas postulantes, sobre todo en el caso de las postulaciones para integrantes del Poder Judicial; en razón de esto existen candidatas que aun postulando en varias ocasiones no logran ingresar a las cinquenas. En las siguientes tablas se puede apreciar este hecho:

Gráfico N° 14.
Número de postulaciones efectuadas por mujeres integrantes del Poder Judicial al cargo de ministra de Corte Suprema entre diciembre de 2008 y octubre de 2020[7].

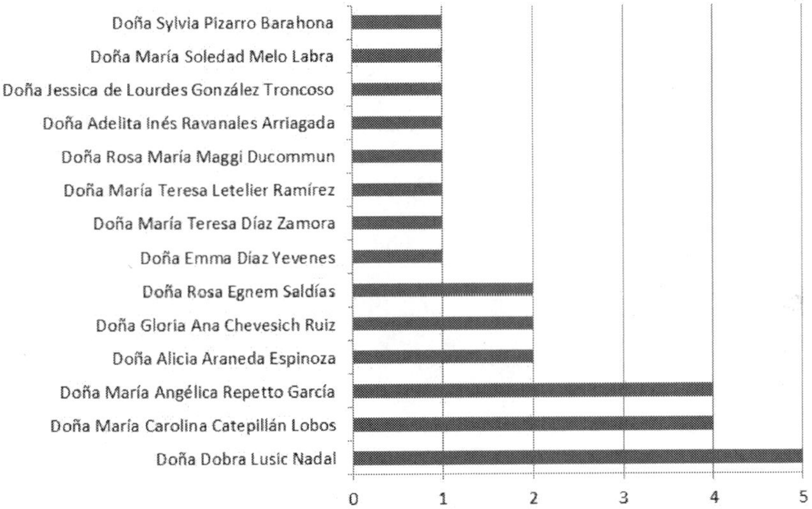

[7] En este análisis no se consideró la cinquena dejada sin efecto en 2020. Elaboración propia. Información obtenida desde la Base Histórica de Autos Acordados del Poder Judicial. Sitio web: http://buscadores.cendoc.pjud/buscador/base-historica-autos-acordados.

Gráfico N° 15.

Número de veces que una integrante del Poder Judicial ingresó a una cinquena, entre diciembre de 2008 y octubre de 2020[8].

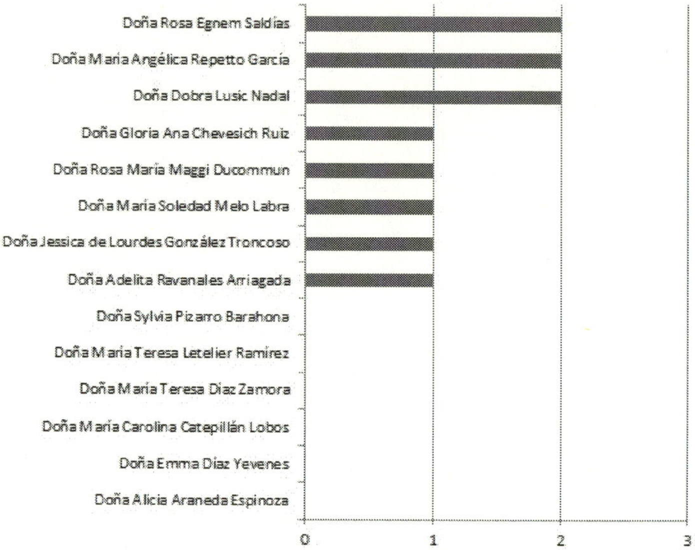

A partir de estos datos se puede concluir que, en relación a los concursos para integrantes del Poder Judicial, si bien existen funcionarias judiciales participando de estos procesos, en su mayoría no se aprecia la presencia de nuevas candidatas en las cinquenas, sino que, por el contrario, suelen repetirse los nombres de las postulantes en más de una quina. En este sentido, llama la atención que en la cinquena elaborada para el último proceso de nombramiento interno que inició en marzo de 2020, se observa

---

[8] En este análisis no se consideró la cinquena dejada sin efecto en 2020. Elaboración propia. Información obtenida desde la Base Histórica de Autos Acordados del Poder Judicial. Sitio web: http://buscadores.cendoc.pjud/buscador/base-historica-autos-acordados.

presencia de tres nuevas postulantes, Sras. Ravanales, Melo y González quienes además postulan por primera vez a uno de estos procesos[9].

En este punto cabe relevar la vivencia de la exministra de la Corte de Apelaciones de Coyhaique, Sra. Alicia Araneda, quien, a pesar de haber postulado en dos ocasiones al cargo, en julio y agosto de 2015, no ingresó a las cinquenas correspondientes:

> *(…) Sí, lo hice. Porque, con el mismo predicamento que postulé a ministro de Corte de Apelaciones, por afán de superación. Estimo que cuando un profesional sigue una carrera, lo que corresponde naturalmente es ir ascendiendo en ella, hasta llegar a su tope. Por eso postulé, pero no quedé en quina, pero sí, obtuve dos hermosos y valiosos votos: uno del Presidente de la Corte Suprema de esa época y el segundo, del ministro Visitador de mi Corte, en esa oportunidad. Esos dos votos me llenan de orgullo.*

Ahora bien, centrándonos en los concursos internos para proveer al cargo de ministro y ministra del máximo tribunal, es decir, obviando aquellos concursos para abogados externos al Poder Judicial, en los siguientes párrafos se analizarán los factores que, de una u otra manera, están incidiendo en la baja participación de las funcionarias judiciales en estos procesos.

De acuerdo a las entrevistas realizadas, este hecho encuentra explicación en factores como la antigüedad, aspectos geográficos

---

[9] Se debe mencionar que con fecha 1 de octubre de 2020, el Senado ratificó a la Sra. Adelita Ravanales para integrar la Corte Suprema.

que afectan la formación académica y las redes políticas, e inseguridades propias de las candidatas.

Antigüedad

Las entrevistadas fueron enfáticas en señalar que un punto de suma importancia al momento de elaborarse las quinas dice relación con la antigüedad, es decir, la cantidad de tiempo que la candidata ha sido funcionaria del Poder Judicial. Al respecto señala la ministra de la Corte de Apelaciones de Santiago, Sra. Dobra Lusic:

> *Bueno, para postular a la Corte Suprema, los ministros de la corte de apelaciones, los fiscales judiciales, consideran* [como] *un factor importante la antigüedad.*

En este contexto señala la ministra Sra. Andrea Muñoz que «(...) la antigüedad es lo que le pesa a las mujeres», esto en razón a su tardío ingreso al Poder Judicial, así como a los escalafones superiores de la institución, situación que la sitúa en una posición de desventaja en relación a sus compañeros varones. Sobre esto agrega la ministra Lusic:

> *Entonces ahí tienes tú dos órdenes de razón de por qué las ministro* [no postulan], *pero no es que, no tiene que ver con su deseo, con sus aspiraciones, sino que, con asuntos, con variables objetivas. Una, que es el número menor, el porcentaje menor, que se tiene que reflejar también en la postulación, y segundo, producto de lo mismo, la poca antigüedad. Porque el ingreso de mujeres al escalafón de ministros de Corte de Apelaciones y de fiscales judiciales,*

ha sido paulatino y lento. Entonces, venimos mucho más de atrás.

Al respecto se discutió en el Seminario «Mujeres y Judicatura», organizado por la Asociación de Magistradas Chilenas (MACHI) y desarrollado el 8 de marzo de 2019 en dependencias de la Facultad de Derecho de la Universidad de Chile. En dicha oportunidad la Presidenta de MACHI, Francisca Zapata, señaló que una barrera estructural para el ascenso de las mujeres al interior del Poder Judicial es la antigüedad, en la medida que suele primar por sobre otros factores a la hora de elaborar las cinquenas. En ese sentido, la abogada representante del Ministerio de Justicia y Derechos Humanos en dicha actividad, Alejandra Ahumada, refirió a la importancia de eliminar el peso de la antigüedad en el sistema de nombramiento, acción que favorecería considerablemente a las mujeres que quisieran postular a cargos de poder al interior del Poder Judicial.

En este punto cabe destacar el Informe final sobre conclusiones y recomendaciones de la mesa interinstitucional sobre nombramiento de jueces[10], de enero de 2019, en cual, dentro de su diagnóstico, se hace cargo del bajo número de mujeres en los

---

[10] La referida mesa fue convocada por el Ministerio de Justicia y Derechos Humanos y estuvo conformada por: Jaime Arellano (Centro de Estudios de Justicia de las Américas, CEJA), Lucas Sierra (Centro de Estudios Públicos, CEP), Natalia González (Libertad y Desarrollo), José Miguel Aldunate (Observatorio Judicial), Carmen Domínguez (Colegio de Abogados), Cecilia Rosales (Facultad de Derecho, Pontificia Universidad Católica de Chile), Felipe Opazo (Facultad de Derecho, Universidad de Chile), Francisco Zuñiga (Instituto Igualdad), Soledad Piñeiro y Mauricio Olave (Asociación Nacional de Magistrados).

altos escalafones del Poder Judicial. Al respecto señala que «[d] ado que el cupo por derecho propio en las ternas y las quinas lo tienen los jueces y ministros más antiguos, la incorporación más reciente de las mujeres al mundo judicial podría determinar que ese lugar difícilmente sea ocupado por una mujer» (p. 13).

Sin lugar a dudas la antigüedad es un factor determinante a la hora de tomar la decisión de postular que deben plantearse las funcionarias judiciales; siendo, a su vez, un elemento que desmotiva a las mujeres a emprender el ascenso a la Corte Suprema. Así, señala una de las ministras de Corte de Apelaciones entrevistada, ante la pregunta de si ha pensado en postular al cargo de ministra del máximo tribunal:

> *No, creo que no existen posibilidades al menos en mi caso, llevo 6 años de ministra y en general quienes postulan a la Corte Suprema tienen como promedio un lapso de 15 o más años como ministros de Corte de Apelaciones.*

Movilidad geográfica. Formación académica, capacidad de traslado y redes sociopolíticas

Como se observa en las tablas N° 2 y 4[11] en la mayor parte de las cinquenas elaboradas entre 2001 y octubre de 2020, los candidatos provenían de la Corte de Apelaciones de Santiago. Al respecto señala una de las Ministras entrevistadas:

> *No, creo que no existen posibilidades al menos en mi caso, llevo 6 años de ministra y en general quienes postulan a la Corte Suprema tienen como promedio un lapso de*

[11] Ver páginas N° 44 y 65.

> *15 o más años como ministros de Corte de Apelaciones. Por otro lado, en general se privilegia a los postulantes de Santiago.*

Esta percepción, avalada en los datos, fue también revelada por la fiscala judicial, quien señala que este hecho ha jugado un papel determinante en la baja representatividad de mujeres en la Corte Suprema:

> *En una Corte, que era, te digo, durante muchos, muchos años, muchos años fue solo de hombres, Santiago, y como Santiago proveía a la Corte Suprema, era muy excepcional que nombraron un ministro en la Corte Suprema que no viniera de Santiago. Era casi imposible pensar en una mujer en la Suprema.*

En este contexto, la zona geográfica de la cual proviene el o la postulante es determinante a la hora de ser considerado dentro de las cinquenas; situación que afecta a las mujeres del Poder Judicial con mayor intensidad que a los hombres, por diversos motivos como pasaremos a revisar en atención a lo señalado por las entrevistadas.

En primer lugar, no es azaroso que la Corte de Apelaciones de Santiago sea la que provea a la Corte Suprema de ministros y ministras pues, no solo comparten el mismo espacio físico dentro del Palacio de Tribunales, sino que también en Santiago se concentran las causas de mayor complejidad e interés nacional, lo que en definitiva les permite mayor visibilidad. En este sentido explica la Ministra Sra. Maggi:

> *(...) Y ahora en la actualidad también es mayoritariamente por la Región Metropolitana. Pero ahí, yo tengo una idea de que no es discriminatoria con las regiones, yo creo que lo que sucede es que, en Santiago, como llegan las causas más complejas, porque está como concentrado acá, llega todo lo que es contencioso administrativo, está aquí, en Santiago. Hay muchas leyes que disponen que los conflictos entre tales y tales, entre Superintendencias, por las decisiones, hay que recurrir a Santiago. Entonces, en Santiago se concentra en mayor grado complejidad y, por lo tanto, los ministros a veces están un poco más preparados para los cargos, o por lo menos tienen más visibilidad también. (...) Es más, yo creo que ahí mayoritariamente lo que prima es la magnitud del trabajo que ha desarrollado, lo que más llega a la Corte Suprema, y llega el volumen de causa. Entonces, el ministro o el juez se va repitiendo, como haciéndose conocido.*

De esta forma, en la carrera por el ascenso, se vuelve particularmente importante pasar primero por la Corte de Apelaciones de Santiago. Así, la posibilidad de traslado es un punto relevante dentro de la carrera judicial. A su respecto señalan las entrevistadas que para las mujeres la posibilidad de moverse de una región a otra es particularmente difícil sobre todo considerando el rol que cumplen dentro de su círculo familiar. En este sentido señala la ministra Sra. Andrea Muñoz:

> *Bueno, es que, nosotros* [Secretaría Técnica de Género y no discriminación del Poder Judicial] *estamos haciendo una investigación de cuáles serían las condicionantes de*

género para efectivamente, para ver, por qué efectivamente las personas no se atreven, o no suben. (...) Pero yo creo que también hay algo que les ha limitado el acceso, que tiene que ver con los roles que ejercen dentro de la sociedad con su familia, los roles de cuidado, los roles de (...). Que es curioso porque cuando son, cuando las mujeres son más jóvenes, y empiezan a acceder, tienen el problema del cuidado de los niños (...). Pero cuando los niños crecen, después tienen otras responsabilidades, como cuidar a los padres, por ejemplo, como, tener siempre el rol de cuidado. Y eso influye, influye además la familia, por ejemplo, para trasladarse a otra jurisdicción. Los hombres a veces han tenido posibilidad de hacer una carrera larga, consúltale a cualquier ministro que hoy día está acá, estuvo en Talca, estuvo en Arica, con su familia y sus mujeres y sus hijos, así como gitanos. Las mujeres es más difícil que lo puedan hacer. Entonces, se mantienen en una jurisdicción, y es más difícil que suban, o sea, hay una lógica en la carrera judicial. La misma Rosa María Maggi, por ejemplo, para poder llegar donde está, tuvo que irse de *ministro a Rancagua.*

Se observa que no solo es importante pasar por la Corte de Apelaciones de Santiago, sino que también por otras jurisdicciones de país, esto con la finalidad de obtener una mayor experiencia y conocimiento de los asuntos tratados a nivel nacional. Así, expresa la Ministra Sra. Maggi:

Yo vine de la Corte de Apelaciones de Santiago, pero antes había estado en la Corte de Apelaciones de Rancagua. También era una manera como se hacía la carrera antes, en que uno tenía que pasar por alguna región antes de llegar a Santiago. Al ser ministro de Santiago, normalmente había que ser ministro primero de regiones y luego poder postular a Santiago, precisamente por esto que uno como que se fogueaba en la región. De hecho, yo era juez de Santiago y tuve que irme a Rancagua con el objeto de poder acceder a un cargo de ministra de la Corte de Apelaciones, porque no habría llegado tampoco derechamente a ministra de Santiago.

Sobre este asunto, el estudio de 2015 del Poder Judicial sobre Igualdad de género y no discriminación, identificó dentro de sus conclusiones que la movilidad geográfica es un aspecto sumamente relacionado con la promoción dentro de la institución, pues no solo se liga con la capacidad de posicionarse dentro de otras jurisdicciones, sino que también con las posibilidades de formación académica. «En relación con esto, existe la creencia de que la movilidad (desplazamiento a otra ciudad o región) es más factible para los varones, quienes tienen menos dificultades para estar un tiempo lejos de la familia (por ejemplo en Cortes de Apelaciones más alejadas de Santiago), en comparación con la mujer, a la que se le complejiza el desplazamiento a otra región, por priorizar mantener a su núcleo en una misma zona. Debido a esto, en algunos casos marginales se lleva a deducir que si la mujer tiene menos posibilidad de conciliar la vida familiar y personal, con la laboral, tendrá una menor posibilidad de promoción, capacitación o perfeccionamiento laboral y por ende, tendrá desventaja en sus calificaciones y menor opción de ser seleccionada en alguna postulación (p. 71).

En este punto aparece otro elemento relevante ligado a la movilidad geográfica, el cual dice relación con las posibilidades de acceder a programas académicos de capacitación, punto de suma importancia al momento de decidir postular a cargos elevados dentro de la institución. Al respecto señala la ministra de la Corte de Apelaciones de Iquique, Sra. Mónica Olivares:

> *Yo jamás postularía a un cargo de la Corte Suprema, porque yo pienso, (...) en lo personal, que para ser Ministro de la Corte Suprema, hay que estar muy bien posicionado en el Derecho. Y eso tú no lo adviertes en toda la gente, sin ánimos de ofender a nadie, y mirado de mi sola perspectiva. Por ejemplo, no he hecho un magíster ni un diplomado, nunca.*

Sobre lo anterior señala la ministra Sra. Muñoz, y en relación a lo expuesto sobre los roles de cuidado asignados a las mujeres:

> (...) *es curioso porque cuando son, cuando las mujeres son más jóvenes, y empiezan a acceder, tienen el problema del cuidado de los niños, y eso implica, es como una cadena, eso implica que tienen posibilidades de acceder menos a cursos de formación, a hacer como jornadas extensas que le permitan a las otras personas obtener más títulos, etcétera.*

En este aspecto, puntualiza la ministra Sra. Maggi:

> *Siempre la persona que está en regiones, o en lugares apartados, tiene un plus porque de alguna manera ha*

> *estado trabajando en condiciones más difíciles.* (...) Más aislado, lejos de las posibilidades de perfeccionamiento, lejos de... de acceder a cursos, a magíster. Entonces, yo pienso siempre que hay que darle, por ejemplo, hay que tener una mejor disposición para que los *jueces en regiones puedan acceder a los cursos de perfeccionamiento.*

Ahora bien, en lo que respecta al aislamiento, otro punto relevante asociado a la distancia geográfica dice relación con la capacidad de *ser visible* y de formación de redes políticas que permitan el ascenso a la Corte Suprema. Sobre esto enuncia la ministra Mónica Olivares:

> *Se dan muchas circunstancias, tu cercanía al gobierno de turno, el conocimiento que pueden tener de ti los ministros, los jueces, si eres empleado, los ministros de la Corte Suprema si es que tú eres ministro de Corte de Apelaciones* (...).

En este punto, «[u]no de los grandes elementos culturales que emergen como condicionantes del desarrollo de carrera dentro del sector público, tiene que ver con la capacidad de los hombres de construir redes y vínculos de confianza, en temas como la política, o el fútbol, que luego repercuten en lo laboral (...). Muchas veces las redes de las mujeres están vinculadas al quehacer del trabajo reproductivo, del que deben ausentarse para cumplir con sus tareas del trabajo asalariado: "Una busca redes donde se desenvuelve, los hombres se mueven en la política y allí tienen redes. Yo tengo redes espectaculares en el cuidado de los niños, (risas)". (Grupo de discusión funcionarias)». (Servicio Civil, 2017, p. 35).

Finalmente se debe señalar que, la movilidad geográfica no solo juega un rol determinante en las posibilidades de perfeccionamiento de la carrera judicial sino que también, la ubicación misma de la Corte Suprema en la capital nacional es un elemento desmotivador al momento de tomar la decisión de iniciar un proceso de postulación. En este aspecto, se observa lo señalado en apartados anteriores, que el camino de ascenso a los puestos de poder para las mujeres va ligado a sacrificios personales y familiares. Al respecto señala la ministra de la Corte de Apelaciones de La Serena, Sra. Marta Maldonado.

> *Creo que las personas que postulan a ocupar un cargo en el* máximo *tribunal del país buscan sellar su carrera en el máximo cargo al que podamos optar, lo que conlleva un sacrificio en lo personal, radicarse en Santiago, trasladar a la familia y dedicar todo el esfuerzo personal e intelectual en el desempeño de la función.*

Inseguridades

De las experiencias compartidas por las entrevistadas, ya hayan sido explicitas o no, se desprende la idea de inseguridad y baja creencia en las capacidades propias al momento de definir aventurarse en una postulación a la Corte Suprema. Así, señala la ministra Andrea Muñoz:

> *La verdad es que la postulación, y ahí entra el género de todas maneras, partió por hacerme un examen de si me*

sentía capaz, si como, (…) que uno siente que siempre va a haber otras personas que son mejores, que yo no estoy en condiciones, que yo no soy capaz. Bueno y, y esa fue una primera cosa bien importante y curiosa. (…) Fue mi primera como cosa que me di cuenta que es como la típica cosa como cultural, natural, yo creo que los hombres no se hacen esas reflexiones, o sea, «Me la puedo, no me la puedo, ¿seré capaz?», bueno.

A esto se agrega lo enunciado por la ministra Sra. Maggi:

Porque yo creo que el principal problema, uno de los principales problemas, yo no sé si hablo por mí no más, que yo creo que las mujeres de repente nos retraimos nosotras mismas. Nosotras mismas decimos «no, si cómo quería postular, no me van a considerar» qué se yo, como que a veces uno es más tímida, tiene menos audacia que la que tienen... por temperamento, porque además el mundo era distinto. Yo creo que ahora las jóvenes tienen otra posición.

En este punto se debe tener presente que «[v]ivir en condiciones patriarcales daña a las mujeres y que eso requiere atención» (Lagarde, 2000, p. 24). De esta manera, la posición ancestral de las mujeres, subordinada y minorizada, ha dañado profundamente la autopercepción de sí mismas, lo que se encuentra ligado a la íntima relación entre autoestima y género.

La autoestima puede entenderse como «el conjunto de experiencias subjetivas y de prácticas de vida que cada persona experimenta y realiza sobre sí misma. En la dimensión subjetiva intelectual, la autoestima está conformada por los pensamientos, los conocimientos, las intuiciones, las dudas, las elucubraciones y las creencias acerca de una misma, pero también por las interpretaciones que elaboramos sobre lo que nos sucede, lo que nos pasa y lo que hacemos que suceda (...). Y en la dimensión subjetiva afectiva, la autoestima contiene las emociones, los afectos y los deseos fundamentales sentidos sobre una misma sobre la propia historia, los acontecimientos que nos marcan, las experiencias vividas y también las fantaseadas, imaginadas y soñadas» (Ibíd, p. 28-29).

Además, la autoestima es una dimensión de la autoidentidad la cual se encuentra marcada por todas las condiciones sociales que configuran a cada mujer y, de manera fundamental, por la condición de género. «Conformadas como seres-para-otros, las mujeres depositamos la autoestima en los otros y, en menor medida, en nuestras capacidades. La cultura y las cotas sociales del mundo patriarcal hacen mella en nosotras al colocarnos en posición de seres inferiorizadas y secundarias, bajo el dominio de hombres e instituciones, y al definimos como incompletas. Así pues, nuestra autoestima se ve afectada por la opresión de género y es experimentada en la cotidianidad como la discriminación, la subordinación, la descalificación, el rechazo, la violencia y el daño, que cada mujer experimenta en grados diversos durante su vida» (Ibíd, p. 32).

Modelan también la autoestima las contradicciones que se generan en la actualidad debido a la presencia de las mujeres en el espacio público, en definitiva, su constante desplazamiento entre el ámbito privado y público. «Las mujeres nos movemos entre exigencias, alabanzas y reprobaciones que son función de contenidos existenciales modernos y tradicionales. La autoestima femenina derivada de este sincretismo genérico es muy compleja. Se caracteriza en parte por la desvalorización, la inseguridad y el temor, la desconfianza en una misma, la timidez, el autoboicot y la dependencia vital respecto de los otros (...)» (Ibíd, p. 36).

Lo anterior se evidencia en las siguientes citas:

> *Yo jamás postularía a un cargo de la Corte Suprema, porque yo pienso, (...) uno debe demostrar en el ejercicio de su función que lo merece (...).* Ministra de la Corte de Apelaciones de Iquique, Sra. Mónica Olivares.

> [¿Ha pensado en postular al cargo de Ministra de la Corte Suprema? ¿Por qué?] *No, creo que no existen posibilidades al menos en mi caso (...).* Ministra de Corte de Apelaciones cuya identidad es reservada.

> [¿Ha pensado en postular al cargo de Ministra de la Corte Suprema? ¿Por qué?] *No, por una decisión personal y familiar.* Ministra de la Corte de Apelaciones de La Serena, Sra. Marta Maldonado.

En la carrera por el ascenso se presentan barreras externas y también internas que nacen del fuero interno de las mismas postulantes. Estas barreras internas se ligan directamente con las imposiciones sociales y la costumbre cultural que ha asociado a las mujeres con labores de subordinación, labores de insignificancia social, vaciadas de politicidad y saberes dignos de socializar. Esta posición tradicional entra en tensión cuando las mujeres, por cambios sociales propios de la modernidad, transitan hacia otros espacios de los cuales no pertenecen *culturalmente*. Así las mujeres se posicionan en medio de una contradicción, quedando atrapadas entre lo público y lo privado, la tradición y lo moderno, situación que las agota, las agobia, las cuestiona y las presiona hasta los extremos de dañar la percepción de sí mismas. En este sentido, las experiencias que comentaron las ministras son ejemplo de que, a pesar de ser mujeres que han conquistado el espacio público, las resistencias externas e internas continúan minando su desarrollo profesional, en tanto, la socialización patriarcal a la que han sido sometidas durante años las ha dañado de manera que requiere de nuestra atención y constante trabajo (Lagarde, 2000).

Reacción del medio externo

En lo que respecta a la división del espacio, se debe tener presente que a cada sujeto se le educa en la diferencia, reforzando la posición que le corresponde en un espacio determinado y la forma de actuar en ese espacio, comportamiento que es avalado como normal a su género, esto entendiendo que la mínima desviación desata la angustia y la suspicacia (García Canal, 1998).

Así, la movilidad de las mujeres entre el espacio privado y el espacio público y, en el espacio público desde las esferas minorizadas respecto a las de poder, genera suspicacias y reacciones inmediatas del medio social, el cual ejerce todo su poderío para restablecer el orden natural de las cosas. En este punto cabe relevar las tensiones que se generaron en el país ante el solo indicio de que la fiscala judicial, Sra. Lya Cabello y la ministra de la

Corte de Apelaciones de Santiago, Sra. Dobra Lusic, iniciarían un proceso de ascenso hacia la cúpula del Poder Judicial.

En lo que respecta a la fiscala judicial, se debe mencionar que tanto en el año 2014 y el año 2017, en el contexto del nombramiento del nuevo fiscal judicial de la Corte Suprema, la discusión que se planteó a nivel nacional sobre el tema, se ligó a su relación sentimental con el ministro del máximo tribunal Sr. Haroldo Brito Cruz:

> *Presidenta Bachelet se apresta a nombrar al fiscal judicial de la Corte Suprema.*
>
> (...) *Cabello es pareja por largos años del ministro de la Corte Suprema, Haroldo Osvaldo Brito Cruz, y existen dudas en el Poder Judicial de si podría ocupar el cargo, puesto que el fiscal judicial tiene una relación de dependencia directa con los ministros supremos, que son sus superiores* (*El Libero*, 27 de septiembre de 2014).
>
> *Asociación de Magistradas Chilenas acusa discriminación de género.*
>
> *Ante inserciones de prensa en que se asocia, el ascenso de Lya Cabello Abdala como Fiscal Judicial de la Corte Suprema, a conductas de intervencionismo y alusiones a su vida privada, la Asociación de Magistradas Chilenas manifiesta –a través de una declaración pública– su total y enérgico rechazo* (*El Mostrador*, 6 de octubre de 2014).
>
> *Artículos contra Ministra Lya Cabello Abdala.*

(...) Me extraña sobremanera la campaña persistente y constante de vuestro medio en contra de la Ministra Lya Cabello.

Primero, dando a conocer supuestas gestiones de su pareja pública y conocida de más de 30 años del ministro Haroldo Brito, que habría realizado con autoridades, para eventualmente, influir en que sea nominada en la Quina donde figura como candidata a Fiscal de la Corte Suprema. (...) ¿Qué se le reprocha en el ámbito de su carrera judicial a la Ministra Cabello? (*El Mostrador*, 20 de noviembre de 2014).

Cupos en la Suprema: Bachelet propone a miembro de la banca corporativa y pareja de juez como candidatos.

La Moneda optó por Arturo Prado Puga, abogado con postgrado en una universidad del Opus Dei y hombre de confianza del banquero Yarur, y Lya Cabello, pareja de un actual ministro de la Corte Suprema, para integrar el máximo tribunal de Chile (*Diario UChile*, 6 de abril de 2017).

La interpretación de la ley que podría revocar el nombramiento de la nueva fiscal de la Suprema.

Todo está en Contraloría. Es Jorge Bermúdez quien hoy tiene la potestad para retroceder en el nombramiento de Lya Cabello por considerar que se contraviene el artículo 259 del Código Orgánico de Tribunales, donde se prohíbe compartir funciones entre cónyuges.

> (...) *Sin embargo, la decisión pasaría por una interpretación de la ley, toda vez que Cabello y Brito no son formalmente un matrimonio, pese a los más de diez años de relación sentimental* (*Diario UChile*, 28 de abril de 2017).

Dentro del orden patriarcal, el lugar de las mujeres es subordinado al hombre, en tanto sus capacidades y virtudes son minorizadas; en palabras de Rita Segato (2016), «(...) minorizar alude aquí a tratar a la mujer como "menor" (...)» (p. 91), de manera tal que es considerada como «desprovist[a] de politicidad, incapaz de enunciado de valor universal e interés general. Margen, verdadero resto de la vida pública (...)» (p. 94). En este contexto, los cuestionamientos a la situación sentimental de doña Lya Cabello, así como también las menciones a la necesidad de que su pareja interceda por ella para lograr avanzar en su carrera judicial, son muestras del ideario cultural asociados a la presencia de las mujeres en el espacio público y su incapacidad de lograr instalarse en este de manera autónoma.

De igual manera, lo enunciado se liga al hecho de que, dentro de las concepciones socioculturales, las mujeres no existen como seres autónomos, sino solamente mediante *los otros*, siendo necesaria la preexistencia del hombre. Así, «[e]lla solo existe social e individualmente por esta relación. En cambio, el hombre *es* en sí mismo. De ahí, la importancia del lazo conyugal de las mujeres. De ahí deban ser esposas para existir» (Lagarde, 2015, p. 282-283).

Finalmente se debe señalar que, en la situación descrita, se hace patente la *dependencia vital de las mujeres:* «[l]a manutención económica, la fortaleza emocional estereotipada, la protección o el reconocimiento indispensable para la existencia, organizan la dependencia de manera vital: las mujeres no sobreviven sin las acciones materiales o simbólicas que los hombres realizan para ellas» (Ibíd, p. 150).

Sobre este asunto señaló en la entrevista la fiscala judicial:

> *O sea, a mí me cuestionan por el hecho de ser pareja de Haroldo Brito. En el fondo, es un tema de género. Porque nadie duda, no cierto, de que Haroldo tenía que estar en la Corte Suprema. (...) Entonces, y yo tengo una carrera igual que Haroldo. Entonces, pa' mucha gente creen que yo estoy aquí porque yo soy la pareja de Haroldo, y otros dicen que no debería estar, justamente porque soy la pareja de Haroldo. Y aquí se da mucho, que tú te emparejas cuando eres juez, con otro juez. Si trabajamos juntos, si vivimos juntos. (...) Claro, y eso no implica que uno le tenga que tapar la carrera al otro. Distinto es el caso, no cierto, y que aquí todos miran pa'l lado, cuando una persona haciendo uso de su cargo, porque eso es verdad, ¿no cierto?, establece una relación con alguien que está más abajo. ¿Te fijas? Nosotros nos emparejamos con Haroldo ene años, éramos iguales. Y hemos hecho carrera los dos por nuestra cuenta. Entonces, claro, ese no es problema de género, pero no lo deja de ser. (..) O sea, mis propios amigos judiciales estaban enojados conmigo porque había postulado, porque era muy claro que Haroldo tenía que quedar en la Suprema, porque sí porque él es brillante, porque esto, por todo. ¿Y*

yo? Bueno, confórmate con ser la pareja del juez. O sea, obtuviste ser pareja de este señor tan importante, ahora no molestes más, más o menos. O sea, es un criterio.

Si bien doña Lya Cabello, fue nombrada en el cargo de fiscala judicial, esto no fue el caso de la ministra de la Corte de Apelaciones de Santiago, Sra. Dobra Lusic, quien, a pesar de ser nombrada por el Presidente Sebastián Piñera como candidata para el cargo de ministra de la Corte Suprema a principios de 2019, la tensión social ante esta situación fue de tal envergadura que al poco tiempo se le retiró el apoyo. En el caso de la ministra Lusic, es patente la tensión que generan estas situaciones en el espacio público, pues ante el solo nombramiento de su candidatura el día 12 de abril de 2019, el espacio reaccionó de manera inmediata con rechazo, disgusto, molestia, ante este hecho que desafió los límites de la norma:

Las polémicas redes de Dobra Lusic, la «favorita» de La Moneda, la DC y las Isapres para ascender a la Suprema. (*El Mostrador*, 11 de abril de 2019).

#Lobbyjudicial. Audio secreto: el diálogo de dos operadores que buscan apoyo para una candidata a la Suprema en 2019 (*Bío Bío Chile*, 17 de abril de 2019).

Dobra Lusic falló en favor del Banco de Chile pese a que estaba inhabilitada por la Corte Suprema (*CNN Chile*, 6 de mayo de 2019).

Periodistas del Congreso cuestionan palabras de Dobra Lusic sobre «regular la prensa» (*ADN Radio*, 10 de mayo de 2019).

Comienza a caer la noche sobre Dobra Lusic: la UDI le quita respaldo y el vocero de la Suprema cuestiona sus antecedentes (*El Mostrador*, 13 de mayo de 2019).

Presentan querella contra Dobra Lusic por tráfico de influencias y amenazas (Cooperativa.cl, 13 de mayo de 2019).

PPD pide al Gobierno retirar el nombre de la jueza Dobra Lusic para integrar la Corte Suprema (24 Horas.cl, 14 de mayo de 2019).

Gobierno retira nombre de Dobra Lusic como candidata a la Corte Suprema.

«(…) Luego de varios días de cuestionamientos, el Gobierno determinó retirar el nombre de la ministra de la Corte de Apelaciones Dobra Lusic al enviar un oficio al Congreso notificando la decisión» (*24 Horas*, 15 de mayo de 2019).

En los hechos narrados a partir de titulares de prensa, se hace manifiesta la clara división del espacio y las formas de control para su mantenimiento. Así, cobra especial relevancia la mirada que busca cualquier desviación y anomalía que no corresponde con lo impuesto para cada género, siempre buscando sancionar aquello que escapa de la normalidad. «La mirada busca detectar la otredad, para una vez encontrada nominarla, calificarla, excluirla y recluirla» (García Canal, 1998, p. 55). En el caso presentado, la mirada externa del medio social masculino reaccionó con fuerza en contra de la anomalía que representa la inclusión de una mujer en el espacio político, para finalmente excluirla y terminar por recluirla, lo que, en este caso, significa acabar con futuras pretensiones de ascenso. Al respecto, es del todo atingente el siguiente comentario efectuado por la ministra Lusic a los medios de comunicación:

> *Dobra Lusic asegura que trataron de destruir su «imagen» y honorabilidad.*
>
> «(...) Eso sí, admitió que sí se le pasó por la cabeza retirarse, pero que finalmente no lo hizo por un acto de dignidad con ella misma. También, señaló que al momento de su nominación descartó postular nuevamente a la Suprema dado los «ataques» en su contra» (*Bío Bío Chile*, 18 de mayo de 2019).

En esta situación, son claros los efectos de la respuesta social, los cuales no solo minaron la posibilidad de que una mujer ingrese a la esfera de decisión del Poder Judicial, sino que además frenaron de golpe las pretensiones de la ministra de volver a optar a dicho puesto en el futuro. Sin lugar a dudas esto envía un fuerte mensaje a otras ministras de Cortes de Apelación del país, quienes deben sopesar este hecho a la hora de decidir postular a un cargo de la Suprema.

Presencia de mujeres en la Corte Suprema

Si bien para las mujeres el camino hacia la Corte Suprema se presenta lleno de obstáculos, a octubre de 2020, 8 mujeres han logrado ingresar a esta esfera del Poder, y 5 de estas desde dentro de la misma institución. La presencia de mujeres en la Corte, simbólicamente, es un potente mensaje para futuras postulantes en tanto este espacio *de hombres* se presenta como una verdadera posibilidad para ellas. Al respecto señala una de las ministras de Corte de Apelaciones entrevistada:

> (...) *en todos los ámbitos del Poder Judicial la presencia de las mujeres es necesaria porque equilibra en poder que los hombres han ejercido durante muchos años, sobretodo en cargos superiores.*

Ahora bien, la presencia de mujeres en las esferas de poder no necesariamente trae aparejado una flexibilización de las barreras de acceso. Sobre esto señala la Sra. Lya Cabello:

> *Entonces, si vivimos en un mundo de hombres. Vivimos en un mundo de hombres. Entonces, las mujeres que tienen mi edad y que hemos llegado a cargos, ¿no cierto? Muchas sienten que, si ellas lo pudieron hacer, las otras mujeres tienen que hacer lo mismo también. No hay una visión solidaria ni una visión de respeto hacia su propio género. «Si yo tuve que pasar por toda esta, por todas estas pellejerías, las que vienen detrás que hagan lo propio». Por eso que es importante el tema de género aquí adentro.*

Sobre este punto agrega la ministra Sra. Andrea Muñoz:

> *La pregunta es esa: por qué queremos que lleguen mujeres.* (...) [U]*no se pregunta, bueno, el aporte, será que entonces, por ejemplo, ¿va a haber más perspectiva de género? ¿Vamos a tener una cierta sensibilidad? No estoy segura, no estoy segura. Y eso es una cuestión que uno tiene que dejar* (...). *O sea, el hecho de ser mujer no te asegura que si hay mujeres en la Corte Suprema vaya a haber una mayor sensibilidad, porque las mujeres*

> *eventualmente podemos no tener esas claridades. O sea, también las mujeres tenemos que sufrir un proceso de sensibilización que nos haga mirarnos y entender la cosa simbólica, los géneros, y eso. Y eso no es automático* (...).

En este sentido, entonces, no solo basta que las mujeres ingresen a las esferas de poder sino que también exista cierta sensibilización en los temas de género. De esta forma, «[l]as mujeres en cargos directivos, cuando están sensibilizadas en temas de género, tienden a abrir las puertas a más mujeres, ya sea por el efecto simbólico de que un puesto directivo sea ocupado por una mujer, o por el efecto directo en temas de decisión» (Servicio Civil, 2017, p. 41).

En lo que respecta al Poder Judicial, desde el año 2013 se inició un proceso de inserción de la perspectiva de género al interior de la institución en virtud del nombramiento de la ministra Sra. Andrea Muñoz en mayo de ese año, la fundación de la Asociación de Magistradas Chilenas (MACHI) en octubre de 2013 y la celebración de la XVII Cumbre Judicial Iberoamericana en abril de 2014 en Santiago de Chile. Estos acontecimientos generaron la creación de la Secretaría Técnica de Igualdad de Género y No Discriminación en el año 2017 y la aprobación de la Política de Igualdad de Género y No Discriminación del Poder Judicial en el año 2018. A continuación, se revisarán estos hitos.

a. Instauración de la Política de Igualdad de Género y No Discriminación del Poder Judicial

En la aprobación de la Política de Igualdad de Género y No Discriminación del Poder Judicial se conjugaron una serie de factores que la hicieron posible. En primer lugar el ingreso a la Corte Suprema de la abogada externa Sra. Andrea Muñoz y la celebración en nuestro país de la Cumbre Judicial Iberoamericana. Al respecto señala la Sra. fiscala judicial:

> *Afortunadamente, el tema de género en el Poder Judicial, lo ha llevado con mucha fuerza la ministra Muñoz, antes no había prosperado, tuvo que tomarlo ella para que pudiera progresar* (...).

Sobre su rol en la materia, señala la ministra Andrea Muñoz:

> (...) *cuando yo llegué tuve la suerte que estaba Sergio Muñoz de presidente, y tal vez por venir de fuera como que confió en mí y me tiró a lo de los asuntos de género. Yo* (...) *había sido asesora del SERNAM en mil cosas, yo fui a Beijing,* (...) *y había trabajado en estos proyectos de ley, tenía una mirada, si tú quieres, a hoy día antes era eso, y hoy día podías... o sea, había sensibilidad natural, y eso me ayudó* (...). *Ahora,* (...) *yo creo que si he podido aprobar la política* (...) [es] *porque es una colega* (...).

Agrega la ministra Sra. Rosa María Maggi, respecto al rol que cumplió la celebración de la XVII Cumbre Judicial Iberoamericana en la inserción de la temática de género dentro del Poder Judicial:

> *Entonces, me acuerdo yo que en el año 2014, por ejemplo, fue la Cumbre aquí en Santiago y vinieron representantes de todos los países, y nosotros estábamos como al debe con esta organización, y así un poquito influía, yo creo que, por la sociedad misma, por los ideales que hay en la Cumbre, y todo eso, pudimos afianzarnos más. Y yo creo que fue un éxito la creación de la* [Secretaría Técnica de igualdad de género y no discriminación] *pero fue como que todo condujo naturalmente a esa, a esa Secretaría* (...).

La Cumbre Judicial Iberoamericana es una estructura de cooperación, concertación e intercambio de experiencias que se articula a través de las máximas instancias de los Poderes Judiciales de la región Iberoamericana. El principal objetivo de la Cumbre es la adopción de proyectos y acciones concertadas, desde la convicción de que la existencia de un acervo cultural común constituye un instrumento privilegiado que, sin menoscabo del necesario respeto a la diferencia, contribuye al fortalecimiento del Poder Judicial y, por extensión, del sistema democrático. Conforman la Cumbre Judicial Iberoamericana: Costa Rica, Cuba, Guatemala, Republica Dominicana, Honduras, México, Nicaragua, Panamá, Puerto Rico, El Salvador, Argentina, Bolivia, Brasil, Colombia, Chile, Ecuador, Paraguay, Perú, Uruguay, Venezuela, Andorra, España y Portugal[12].

En este contexto, desde el año 2001 las Cumbres venían explicitando en sus declaraciones finales, la necesidad de incorporar la perspectiva de género como forma de mejorar el acceso

---

12 Para mayor información acceder al siguiente link: http://anterior.cumbrejudicial.org/web/guest/quienes_somos.

a la justicia de la población, particularmente de las mujeres (Política de Igualdad de Género y No Discriminación del Poder Judicial, 2018). Es así como en la Asamblea Plenaria de la XVII Cumbre Judicial Iberoamericana, celebrada en Santiago de Chile en abril del año 2014, se adoptó el «Protocolo Iberoamericano de Actuación Judicial para mejorar el acceso a la justicia de las personas y grupos en condiciones de vulnerabilidad, con especial énfasis en justicia con enfoque de género». Este protocolo busca dotar de herramientas prácticas a los jueces y juezas, con el fin de garantizar el acceso real a la justicia de las mujeres y la protección de su vida, libertad e integridad, y de esta manera generar un mundo en que las mujeres vivan libres de violencia y ejerzan plenamente sus derechos. En razón de esto, su objetivo final es lograr una «integración con seguridad, con la preocupación puesta en erradicar la violencia contra la mujer y de género, especialmente aquella de carácter físico, psíquico, sexual y laboral» (Poder Judicial, 2015b).

Además, se aprobó la constitución de la Comisión Permanente de Género y Acceso a la Justicia con el objetivo de dar seguimiento al proceso de incorporación de la perspectiva de género en todo el quehacer de la Cumbre Judicial Iberoamericana y desarrollar proyectos y propuestas que permitan la incorporación de la perspectiva de género al interior de los Poderes Judiciales (Política de Igualdad de Género y No Discriminación del Poder Judicial, 2018).

En cumplimiento de estos mandatos, el Pleno de la Corte Suprema en el mes de febrero de 2015, aprobó una propuesta de trabajo presentada por la ministra encargada de los asuntos de género, Sra. Andrea Muñoz, que contempló una serie de acciones a corto y mediano plazo, destinadas a incorporar la perspectiva de igualdad de género en el Poder Judicial. Entre las actividades a mediano plazo, el plan consideró el desarrollo de un diagnóstico acerca de la situación de igualdad de género y no discriminación al interior del Poder Judicial chileno, que serviría de línea de base para construir de manera participativa, una política en la materia como marco general para dar respuesta a los hallazgos del estudio y a las obligaciones del Estado, particularmente del Poder Judicial, en este ámbito (Ibíd).

En razón del diagnóstico realizado y la relevante labor desarrollada por la ministra Muñoz, hoy el Poder Judicial cuenta con una Secretaría Técnica de Igualdad de Género y No Discriminación, la cual ha impulsado el establecimiento de la «Política de Igualdad de Género y No Discriminación» del Poder Judicial, la que fue aprobada por el Pleno de la Corte Suprema en 2018. Esta política tiene por fin y propósito:

> «El FIN de la Política de Igualdad de Género y No Discriminación del Poder Judicial chileno es garantizar la igualdad de género y la no discriminación en todo el quehacer del Poder Judicial. La materialización de este fin requiere, junto con el desarrollo coordinado de los ejes estratégicos de la presente Política, un proceso de madurez institucional a medida que se vayan implementando las actividades bajo este marco, que consecuentemente impliquen un cambio en la cultura institucional. El PROPÓSITO de la Política de Igualdad de Género y No Discriminación del Poder Judicial es promover la incorporación de la igualdad

de género y la no discriminación en la atención de usuarios y usuarias y en el ejercicio de la labor jurisdiccional, con miras a garantizar un efectivo acceso a la justicia a toda la población, así como el establecimiento de relaciones igualitarias entre quienes integran este Poder del Estado».

A nivel nacional, las acciones realizadas por el Poder Judicial chileno se perciben como novedosas y disruptivas, en tanto otras instituciones públicas del país carecen de una institucionalidad ligada a la temática de género. Sobre la creación de la Secretaría Técnica de Igualdad de Género y No discriminación señala la ministra Sra. Maggi:

> (…) *yo creo que ha funcionado bastante bien. Nos ha posicionado un poco, piense usted que de pronto aparece como que es una, un avance del Poder Judicial versus el resto, incluso me acuerdo una vez que hasta las universidades no tenían* (…) *Hasta el año pasado* [2018]. *Entonces, es como curioso que el Poder Judicial que siempre ha sido tan antiguo, que todo va más lentamente acá, se van moviendo las estructuras de a poco, porque somos más tradicionales, somos respetuosos, somos cuidadosos, cautelosos* (...). *Entonces, siempre el Poder Judicial va como lentamente, bien razonadamente, avanzando.*

La Política de Género del Poder Judicial cumple un rol de suma importancia en un futuro incremento de participación de mujeres en la Corte Suprema. En efecto, la dimensión 3 del Eje Estratégico primero de la Política se hace cargo de la «Perspectiva de género y no discriminación en los procedimientos de reclutamiento y selección de cargos para acceder y/o ascender en el Poder Judicial», consagrando la necesidad de «[p]romover el establecimiento de un proceso de reclutamiento y selección que garantice la igualdad de resultados para hombres y mujeres en el ingreso en cargos del Poder Judicial, así como en la movilidad al interior de la institución, de manera de erradicar los estereotipos, sesgos y brechas de género en todas las etapas del procedimiento».

b. Asociación de Magistradas Chilenas (MACHI)

La Asociación de Magistradas Chilenas (MACHI) se funda en Santiago el 25 de octubre de 2013, por un grupo de juezas y jueces, funcionarias del Poder Judicial, defensoras y fiscalas, quienes fijaron como objetivo principal la promoción y defensa de los derechos de las mujeres, conforme al derecho nacional e internacional, en el marco de un compromiso con la igualdad, la justicia y el estado de derecho como pilares de una República democrática[13].

Sobre la fundación de la asociación la ministra Sra. Maggi, recuerda otras iniciativas como esta al interior del Poder Judicial:

> *No sé, yo creo que eso se llevó a cabo, bueno, hace tiempo que existían estas cosas. Yo le digo que, así como la Secretaría de Género, yo estuve en la Primera Asociación de Mujeres del Poder Judicial que fue por allá por el año... ¿80', será? Donde hicimos una asociación un poco parecida a la que existía en Argentina, que todavía existe. Era una asociación de mujeres jueces. Cuando*

[13] Para mayor información ingresar al siguiente link: http://www.magistradaschilenas.cl/quienes-somos/.

> *vino, después que pasó que, vino una época que decayó esto, era muy mal visto desde la Corte Suprema, era muy mal evaluado, entonces, de repente cayó, la gente ya no quería, no tenía entusiasmo, no hubo apoyo. Entonces, se fue diluyendo, como las cosas que surgen así (...) así como surgió espontáneamente, también se apagó. Pero cuando vino de nuevo la posibilidad de asociarse mujeres, yo también estuve interesada en eso, pero no pudo resurgir esta misma asociación, sino que quisieron las MACHI hacer algo auténtico y propio de los jueces chilenos. (...)* [E]*ntonces paralelamente surgió esta otra posibilidad de aunar a todas las mujeres y se formó la Secretaría de Género. Yo también creo que influida por la influencia de la Cumbre. Porque la Cumbre Judicial Iberoamericana también tiene un grupo. Entonces, me acuerdo yo que, en el año 2014, por ejemplo, fue la Cumbre aquí en Santiago y vinieron representantes de todos los países, y nosotros estábamos como al debe con esta organización, y así un poquito influía, yo creo que, por la sociedad misma, por los ideales que hay en la Cumbre, y todo eso, pudimos afianzarnos más.*

Sobre el rol de MACHI en la discusión actual en temáticas de género, comenta la Sra. fiscala judicial:

> *MACHI implica el poner en el tapete con mucha más fuerza el tema género. O sea, una asociación, o una parte de la asociación solo mujeres, es importante de la perspectiva de visualizar más el problema. Es importantísimo no solo reclamar sino visualizar cuál es la situación de las mujeres. Y entonces, qué es lo que tiene MACHI, que no solo es dentro*

> *del Poder Judicial, porque es lo mismo pasa en la Defensoría, lo mismo pasa en la fiscalía, y nosotros no habíamos mirado un poco más lejos, y también pasa en las colegas de ejercicio. Porque en las oficinas, en las grandes oficinas de abogados, también hay discriminación respecto a las mujeres. Entonces, cuando nosotros pensamos en MACHI, pensamos en nosotras, pero se integraron incluso, cuando la formamos, se integraron mujeres, colegas de todos los ámbitos. Porque claro, es un problema aquí, pero también es un problema de las abogadas de afuera.*

Sobre su rol en la visualización de los problemas de las mujeres en la judicatura, se debe destacar la IV Conferencia Anual de la Asociación de Magistradas Chilenas celebrada los días 08 y 09 de marzo de 2018, en el Instituto de Estudios Judiciales, encuentro que llevó por nombre «Más Mujeres: Paridad en el Sistema de Justicia», y cuyo objeto fue reflexionar sobre la importancia de la participación de las mujeres en instancias de liderazgo, y los obstáculos que estas deben sortear para alcanzar dichas posiciones en nuestra sociedad (Dirección de Estudios de la Corte Suprema, 2018).

En dicha oportunidad encabezó el encuentro la entonces Presidenta de la República, Michelle Bachelet, quien expresó que: «la participación de las mujeres en el sistema de justicia no tiene que ver solamente con el número de mujeres que son parte del Poder Judicial o en otras instituciones como la fiscalía o la defensoría, sino también, y muy importante, cuáles son los espacios que ocupan y cómo dicha participación es clave para que la aplicación de la justicia y la defensa de los derechos de las personas, también contemple una perspectiva de género» (Ibíd).

Respecto de este punto, el entonces Presidente de la Corte Suprema Don Haroldo Brito Cruz, manifestó que «la justicia chilena necesita más mujeres que alcancen puestos relevantes y ejerzan un liderazgo femenino; liderazgo teñido por la experiencia de ser parte de los grupos olvidados, conocimiento tan importante para nuestra institución» (Ibíd).

Finalmente, en dicha oportunidad la Presidenta de MACHI, la jueza Francisca Zapata García, hizo un llamado a las mujeres del Poder Judicial a participar en los concursos para proveer cargos de ministro y ministra de la Corte Suprema, enfatizando:

> «La investigación nos ha mostrado que si bien hay mujeres habilitadas, adolecemos de una carencia de candidatas. Es ese el nudo crítico que la Asociación de Magistradas pretende abordar con su campaña Más Mujeres. Ya nos hemos dado a esa tarea: buscamos mujeres candidatas. ¿Hay aquí alguna? ¿Hay aquí alguna, dudándolo, acariciando la idea? ¿Masticando, quizá, sus pros y sus contras? Pues no lo piense más: la patria la llama, sus congéneres la llaman, la democracia la llama. No prive a Chile de su talento. La Asociación de Magistradas Chilenas no está disponible para esperar 100 años y la instamos a que ud. también pierda la paciencia. ¡El futuro es ahora!» (Asociación de Magistradas Chilenas (MACHI), 2018, p. 4).

Sobre los efectos de este llamado, señaló la Sra. Lya Cabello:

Ahora, las mujeres postulaban menos, ahora está lleno de mujeres postulando después del llamado de la Francisca Zapata. Muchas mujeres están postulando, muchas, muchas, lo que es muy bueno, muy bueno, porque hay muy buenas mujeres en Poder Judicial.

c. Más mujeres ¿para qué?

En razón al enérgico llamado de la Presidenta de MACHI cabe preguntarse ¿por qué se necesitan más mujeres en el tribunal pleno de la Corte Suprema? Al respecto señala la Sra. Andrea Muñoz:

> La pregunta es esa: por qué queremos que lleguen mujeres. La primera pregunta es porque somos el 50% de la población, y no podríamos sino estar representadas de la misma manera. No tendrían por qué llegar más hombres que mujeres, no tendría por qué darse esa cosa extraña de que en primera instancia pueda haber muchas y más arriba no. Entonces, una primera razón es porque lo exige la igualdad, porque es una forma de que el Poder Judicial se legitime, nosotros somos una institución que tiene que, de alguna manera, representar lo que es la sociedad, y la sociedad es diversa, y debiera haber personas hombres, mujeres, con distintas orientaciones de todo tipo, no solo política, sino que sexual, y no tiene que haber ninguno de esos sesgos. Entonces ya, esa es una primera cosa, pero obvia, digamos. Lo segundo que uno se pregunta, bueno, el aporte, será que entonces, por ejemplo, ¿va a haber más perspectiva de género? ¿Vamos a tener una cierta sensibilidad? No estoy segura, no estoy segura. (...) Pero sí, de alguna manera, o sea, dicho eso,

> de alguna manera, el hecho de ser mujer te permite mirar las situaciones de una manera distinta, y yo creo que sí, si hay una sala de puros hombres, necesariamente un caso se ve con ojos distintos. ¿Me entiendes? O sea, no necesitas ser una persona versada en género para poder vivenciarlo, entonces, sí interesa. ¿Me explico? O sea, en ese sentido sería, con todas las dudas que uno pueda tener respecto a si el hecho de tener más mujeres hará que efectivamente uno piense que va a estar más presente lo de género (...). Sacando eso, igual creo que puede ser importante. O sea, te insisto, en una violación, en que efectivamente tú tengas que ponerte en el contexto y entre que haya ministros y mujeres, hombres, está súper claro que puede haber la diferencia, puede abrirse un espacio (...).

En este punto, cabe destacar la participación en el Seminario de MACHI «Más Mujeres: Paridad en el Sistema de Justicia» del año 2018, de la abogada y Legal Officer de la Corte Penal Internacional, Ania Salinas, quien compartió las experiencias internacionales de paridad en el sistema de justicia, especialmente los efectos positivos de participación de magistradas en la resolución de conflictos por parte de la Corte Penal Internacional. Al respecto señaló: «[l]a participación de mujeres en estos espacios es necesaria ya que estas cumplen un rol diferente y crucial en la prevención y resolución de conflictos y en el mantenimiento de la paz. (...) En el año 2000, en una Resolución muy trascendente, el Consejo de Seguridad de la ONU reafirmó la importancia de la representación femenina «en todos los procesos de decisión a nivel nacional, regional e internacional y en las instituciones y mecanismos destinados a la prevención, manejo y resolución de conflictos» (Dirección de Estudios de la Corte Suprema, 2018).

Sobre este asunto se ha señalado que las «magistradas, por el hecho de pertenecer al sexo femenino, por haber sido socializadas y educadas como mujeres, por haber vivido experiencias de vida «intransferiblemente femeninas», tienen una mirada propia, lo que a la postre concluye en una manera distinta a la masculina de administrar justicia» (Gastrón, 2009, p. 86). Esta línea teórica conocida como *feminismo de la diferencia*, ha sido criticada principalmente por la idea de que las mujeres poseen ciertas características diferentes a las de los hombres –por lo menos en su forma de juzgar–, aludiendo a que es una posición demasiado determinista e implica asumir además que ellas constituyen una categoría homogénea, que piensan lo mismo, que tienen las mismas experiencias y que actuarán en el mismo sentido (Ibíd).

Por su parte, estudios jurisprudenciales muestran que el efecto de las mujeres en la magistratura no es perceptible desde el punto de vista del género (Ibíd). De esta manera, si bien no se puede afirmar con seguridad que la presencia de mujeres en el Poder Judicial y –especialmente– en las altas esferas de poder marque una diferencia determinante en materia de juzgamiento, sobre todo en relación a los asuntos ligados a la equidad de género, no se puede desconocer que desde la percepción de las entrevistadas la presencia de mujeres es relevante, y su participación en las esferas de decisión, sí aporta otra mirada frente a las situaciones que se le planteen. Al respecto señalan las entrevistadas:

Justamente conversábamos con una colega en sala, que ella es abogada integrante, profesora universitaria. Decía, yo creo que la visión del derecho no depende del género, no depende. Cada una, cada persona va a resolver de debida manera el derecho mismo, no hay un cambio en la jurisprudencia, en la manera de pensar, no. Lo que puede haber es una diferencia en la apreciación de los hechos. Yo creo que en la apreciación de los hechos es donde las mujeres podemos tener una mirada distinta. Podemos tener una mirada más grupal. Los hombres a veces son más blanco, negro, esto sí, esto no. Las mujeres siempre somos «sí, podría ser, pero podríamos reflexionar más sobre eso». Yo creo que esa inquietud que tiene uno de ver como lo más global del problema, como propio, yo me imagino que del pensamiento femenino. Porque debe ser una condición... porque por algo somos distintos *al pensamiento de los hombres. Yo creo que los hombres son más estructurados, pero no se puede generalizar, ¿ah?* Ministra Rosa María Maggi.

Hombres y mujeres tenemos igualdad de oportunidades, pero somos diferentes. Desde mi experiencia trabajando tantos años solo con varones, percibo que la sensibilidad que nos caracteriza a las mujeres, nos permite apreciar los problemas y conflictos de las más diversas materias que conocemos a diario, con una visión distinta de los jueces varones, y hacer la diferencia. En mi opinión personal agregamos templanza, prudencia y armonía, gracias a las habilidades blandas que nos son innatas. Yo propicio que ambas Cortes deberían contar con igual número de Ministros mujeres y hombres, y así lograr el equilibrio, que

> *caracteriza la balanza de la justicia.* Exministra de la Corte de Apelaciones de Coyhaique, Alicia Araneda.
>
> [Sobre la importancia de presencia de mujeres en la Corte Suprema] *Lo ya señalado, el equilibro del poder en las decisiones, la visión distinta que podemos tener las mujeres sobre determinados temas que resultan relevantes en la administración de justicia.* Ministra de Corte de Apelaciones cuya identidad se mantiene en reserva.
>
> *Sin lugar a dudas, las mujeres resultamos indispensables en el desarrollo de esta institución, ello porque aportamos conocimientos y experiencias en el ejercicio de los cargos que sirvamos, ya sea en el escalafón de empleados o el primario, además somos parte importante –en número– del Poder Judicial.* Ministra de la Corte de Apelaciones de La Serena, Sra. Marta Maldonado.

Finalmente, y en consideración a las críticas que se le pueden hacer a las teorías sobre la diferencia, comenta la Sra. Andrea Muñoz:

> *Pero lo último, ahí tú siempre corres el riesgo de decir una cosa con que te pisas la cola con los estereotipos, y es decir sí, las mujeres somos más transparentes, las mujeres tenemos mejores posibilidades de acercarnos a las personas (...). Pero así, o sea, me refiero a que eso tú no lo podrías decir, en el fondo, porque pareciera como de que el género y la biología te determina.*

Conclusiones

La participación plena y efectiva de las mujeres en los ámbitos de decisión política, económica y pública, es esencial para la legitimación de la democracia y la promoción del desarrollo social, especialmente ahora, cuando el actual proceso sociopolítico por el que se encuentra atravesando nuestro país ha puesto de relieve la necesidad de transitar hacia un país más digno y participativo para todas y todos.

La inserción de mujeres y su participación política debe verse reflejada en todos los ámbitos de decisión, ya sean públicos o privados, y especialmente en el quehacer diario de los tres poderes del Estado. En este sentido, propender a generar mecanismos que aseguren la participación de las mujeres hace necesario reflexionar sobre los motivos por los cuales hoy en Chile les es tan difícil acceder a los puestos de poder y dirección.

En este libro se ahondó en las trayectorias de las mujeres magistradas del Poder Judicial, identificando que este camino se condice con la forma de un *laberinto*, en tanto las mujeres miembros del Poder Judicial no tienen denegado el acceso a las esferas del poder de la institución, sino que, en el recorrido hacia dichos espacios, a diferencia de los hombres, se enfrentan a múltiples obstáculos que les dificultan alcanzarlos. En este sentido, «a las mujeres no se les rechaza justo cuando alcanzan la penúltima etapa de una destacada carrera, [sino que] [d]esaparecen en distintas cantidades en varios puntos del camino que lleva a esa etapa» (Eagly y Carli, 2007, p.4).

Luego de la revisión de las experiencias de las ministras y fiscala judicial, se identificaron como factores determinantes en la presencia de mujeres en la Corte Suprema: la cultura judicial, el sistema de nombramiento de ministros y ministras de la Corte, las reacciones del medio externo, y la presencia de mujeres en el tribunal supremo.

En lo que respecta a la *cultura institucional*, se logró visualizar que, de acuerdo a lo preceptuado por Mary Douglas (1986), dentro de la *cultura judicial* se identifican tres factores que influyen en la percepción de la institución en materia de género: el machismo (manifestado en *micro-machismos*), la jerarquización, y las percepciones relativas a la conciliación de la vida familiar y laboral (Poder Judicial, 2015a); todos los cuales han afectado de una u otra manera a las funcionarias de la institución en sus posibilidades de ascenso a la Corte Suprema. Cada uno de estos elementos se manifiestan en que:

- Dentro del ámbito de la justicia, desde sus inicios los cargos de juez fueron asumidos por hombres, quedando limitadas las mujeres a puestos burocráticos (Rojas, 1994). Por su parte, una vez alcanzada la posición de jueza, las mujeres fueron relegadas a oficios ligados a materias de familia, infancia y protección, además de ser maltratadas una vez que ocuparon dichos espacios. Todas estas situaciones son solo reflejo de las múltiples expresiones disciplinatorias que recaen sobre las mujeres una vez que pretenden transitar desde su posición de género, hacia el espacio público ocupado por los hombres.

- En cuanto a los símbolos de jerarquía, la Corte Suprema fue ideada desde sus inicios como un espacio exclusivo de hombres, al igual que la propia abogacía (Achurra, 1909). En este sentido, el ascenso de una mujer a este espacio fue constantemente resistido por sus miembros quienes respondieron con suspicacia ante esta situación. Esto comenzó a revertirse en 1997, momento en el cual por primera vez una mujer fue integrada en una cinquena.

- En el entendido de que todas las mujeres solo por serlo, son madres y esposas y deben dedicar su vida al cuidado de los otros (Lagarde, 2015), las mujeres en el desarrollo de su carrera profesional se encuentran obligadas a demostrar sus capacidades de conciliación de la vida laboral con la familiar. En este entendido, deben efectuar una serie de sacrificios con la finalidad de validarse y legitimarse ante los demás en un espacio que históricamente no les pertenece.

En lo que respecta al *sistema de nombramiento* de los ministros y ministras de la Corte Suprema, se han vislumbrado dos fases en la historia del desarrollo de los procesos de selección para estos cargos, cada uno de los cuales venía a imponer cuestionamientos diferentes. En la primera fase, en la cual no se exigía postulación a los miembros del Poder Judicial, sino que eran los mismos integrantes de la Corte Suprema quienes hacían las nominaciones, surgió el cuestionamiento en torno a los factores tras las bajas nominaciones de mujeres. Por su parte, en la segunda fase, en la que para proveer al cargo de ministro y ministra se deben oponer antecedentes en todos los casos, surgió la pregunta en torno a los fundamentos de las mujeres tras su baja presencia en los procesos de postulación.

En lo relativo a la primera fase, previa a la dictación del Acta 275-2008 de noviembre de 2008, se identificó un «cierre de la Corte Suprema» a las mujeres que se extendió hasta 1997 con la inserción de la primera mujer en una cinquena, y que paulatinamente se fue revirtiendo con el nombramiento de la primera ministra de la Corte Suprema en 2001. Esta situación se sustentó en tradiciones socio-culturales, ligadas a las normativas espaciales y su relación con la diferenciación de género.

Por su parte, una vez que se generalizó el sistema de postulación a los cargos de ministro y ministra de la Corte Suprema, se observó que los hombres (ya sean funcionarios o abogados externos), postulan en una mayor proporción que las mujeres en dichos concursos. Tras el bajo número de participantes se identificaron los siguientes factores:

- Antigüedad: un punto crítico al momento de elaborarse las quinas dice relación con la antigüedad, es decir, la cantidad de tiempo que el o la postulante ha sido parte del Poder Judicial. Sin lugar a dudas este elemento es un factor determinante a la hora de tomar la decisión de postular que deben plantearse las funcionarias judiciales; siendo, a su vez, un elemento que desmotiva a las mujeres a emprender el ascenso a la Corte Suprema.

- Movilidad geográfica: la capacidad de traslado del o la postulante es de suma importancia al momento de ser considerado dentro de las cinquenas, toda vez que es bien evaluada la experiencia que se puede obtener del trabajo desarrollado en diversas jurisdicciones de país, como también el desarrollo académico del participante y la posibilidad de generar redes sociopolíticas relevantes. En este sentido, este factor pone a las mujeres del Poder Judicial en una situación de desventaja en relación a los hombres, en tanto para las mujeres la posibilidad de moverse de una región a otra es particularmente difícil sobre todo considerando el rol que cumplen dentro de su círculo familiar.

- Inseguridades: debido a las vivencias de las mujeres en esta sociedad patriarcal, ellas comparten bajas creencias en sus propias capacidades y habilidades. La baja autoestima de las mujeres se manifiesta en la desvalorización, la inseguridad y el temor, la desconfianza en una misma, la timidez, el autoboicot y la dependencia vital respecto de los otros (Lagarde, 2000), todos elementos que imponen barreras internas a las mujeres, sobre las cuales deben reflexionar y superar al momento de decidir avanzar dentro de la carrera judicial.

Tomando como ejemplo lo vivenciado por la fiscala judicial, Sra. Lya Cabello y la ministra de la Corte de Apelaciones de Santiago, Sra. Dobra Lusic, se concluye que el *espacio externo* también juega un papel relevante en la presencia de mujeres en las esferas de poder. Se observa que la acción de la sociedad puede definitivamente minar las posibilidades de las mujeres de acceder a puestos de jerarquía, situación que simbólicamente viene a educarlas sobre el espacio que les corresponde y prevenirlas sobre las consecuencias tras su decisión de abandonarlo.

Un último elemento dice relación con la importancia simbólica tras la *presencia de mujeres en la Corte Suprema*. Un mayor número de mujeres es un fuerte mensaje para otras mujeres, pues puede inspirarlas a seguir ese rumbo: si otras pudieron todas tienen esa misma posibilidad. No obstante, esta representación debe ir acompañada de una sensibilización de género, ya sea que nazca de las mismas mujeres o que se complementen con esfuerzos institucionales que fortalezcan la confianza de aquellas y las inciten a postular a dichos cargos. Sin lugar a dudas, el Poder Judicial ha emprendido un camino de reconocimiento de la importancia de la equidad de género, situación que plantea posibles cambios en los próximos años en esta materia.

Independientemente de los obstáculos que deben enfrentar las mujeres en su carrera hacia los puestos de jerarquía al interior del Poder Judicial, actualmente existen mujeres que han logrado posicionarse en dichos espacios, transgrediendo la norma cultural, transformándose en verdaderos ejemplos para las actuales y futuras ministras de Corte de Apelaciones y magistradas de los tribunales inferiores que deseen acceder a dichos puestos.

Esta investigación quiso visibilizar el arduo trabajo efectuado por estas mujeres, así como también el difícil camino que han tenido que sortear durante su carrera judicial, todo con la finalidad de generar un conocimiento único que permita identificar opciones de mejora al interior del Poder Judicial a fin de propender a una efectiva paridad al interior de la Corte Suprema y de paso en nuestro país.

Bibliografía

Academia Chilena de Historia. 2006. Boletín. [En línea] <https://bit.ly/2ZAi8FD> [Consultado: 04 de julio de 2020].

Achurra, Luis. 1909. «De la capacidad de la Mujer-Abogado para el ejercicio de cargos judiciales». Memoria de Prueba para optar al grado de Licenciado en Leyes y Ciencias Políticas, Universidad de Chile.

Albaine, Laura. 2015. *Obstáculos y desafíos de la paridad de género. Violencia política, sistema electoral e interculturalidad.* [En línea]: <http://www.redalyc.org/articulo.oa?id=50938990008>. [Consultado: 04 de julio de 2020].

Asociación de Magistradas Chilenas (MACHI). 2018. Lienzo el Boletín de MACHI. [En línea] <http://www.magistradas-chilenas.cl/wp-content/uploads/2018/05/BOLETIN-CONFERENCIA-JUDICIAL-PARIDAD.pdf> [Consultado: 04 de julio de 2020].

Biblioteca Nacional del Congreso (BCN). 2018. «Efecto de la Ley de Cuotas en elecciones parlamentarias de 2017». [En línea]: <https://www.bcn.cl/obtienearchivo?id=repositorio/10221/25258/1/GRID_Efectos_Ley_de_Cuotas_elecciones_2017_def.pdf>. [Consultado: 04 de julio de 2020].

Bonino. Luis. 1998. «Micromachismos: La violencia invisible en la pareja». [En línea] <ttps://www.ehu.eus/

documents/2007376/2110212/micromachismos+la+violencia+invisible+en+la+pareja> [Consultado: 04 de julio de 2020].

Bravo, Bernardino. 2003. «La Corte Suprema de Chile 1823-2003, cuatro caras en 180 años». Revista Chilena de Derecho, Vol. 30 N° 3, pp. 535-547, Sección Estudios.

Bravo, Bernardino. 2011. *Anales de la Judicatura chilena. Ministros y Fiscales de los Tribunales Superiores de Justicia 1609-2010*. Volumen I. Poder Judicial de Chile.

Contreras, Francoise, Pedraza, Julián y Mejía, Ximena. 2012. *La mujer y el liderazgo empresarial*. [En línea] <http://www.redalyc.org/pdf/679/67923973012.pdf>. [Consultado: 04 de julio de 2020].

Dirección Nacional del Servicio Civil. 2017. «Condiciones y Representación de las mujeres en el Sector Público». [En línea] <https://documentos.serviciocivil.cl/actas/dnsc/documentService/downloadWs?uuid=7af47d89-d5dc-426c-8487-c814abd9bd4c>. [Consultado: 04 de julio de 2020].

Dirección Nacional de Servicio Civil. 2019. Cuenta Pública Participativa 2018. [En línea] <https://reporte.serviciocivil.cl/wp-content/uploads/2019/07/CUENTA-PUBLICA-DNSC-30.04.2019.pdf> [Consultado: 04 de julio de 2020].

Dirección de Estudios de la Corte Suprema. 2018. IV Conferencia de Magistradas Chilenas: «Más Mujeres: Paridad en el Sistema de Justicia». [En línea] <http://decs.pjud.cl/iv-conferencia-de-magistradas-chilenas-mas-mujeres-paridad-en-el-sistema-de-justicia/> [Consultado: 04 de julio de 2020].

Dirección de Estudios de la Corte Suprema. 2019. *Historia de las mujeres en el Poder Judicial*. [En línea] <http://decs.pjud.cl/historia-de-las-mujeres-en-el-poder-judicial/> [Consulta: 04 de julio de 2020].

Dirección de Estudios de la Corte Suprema. 2020. *Mujeres en el Poder Judicial de Chile*. [En línea] <http://decs.pjud.cl/mujeres-en-el-poder-judicial-de-chile/> [Consulta: 04 de julio de 2020].

Dirección de Presupuestos. 2019. *Anuario Estadístico del Empleo Público en el Gobierno Central 2011-2018*. [En línea] <https://www.dipres.gob.cl/598/articles-191413_doc_pdf.pdf> [Consulta: 04 de julio de 2020].

Douglas, Mary. 1986. *Cómo piensan las instituciones*. Editorial Alianza Universidad, España.

Eagly, Alice y Carli, Linda. 2007. «Las mujeres y el laberinto de liderazgo». En Harvard Business Review América Latina.

Folch, Marina y Ramos Cristina. 2009. «Las barreras y los obstáculos en el acceso de las profesoras universitarias a los cargos de gestión académica». [En línea] <http://www.revistaeducacion.mec.es/re350/re350_11.pdf> [Consultado: 04 de julio de 2020].

García Canal, María Inés. 1988. «Espacio y diferenciación de género (Hacia heterotopías del placer)». Debate Feminista, 17, 47-57.

Gastrón, Andrea. 2009. «Género y argumentos de género en el Poder Judicial: Lo que muestran las sentencias judiciales en la Argentina». [En línea] <http://dspace.uces.edu.ar:8180/jspui/bitstream/123456789/737/1/G%C3%A9nero_y_argumentos_Gastron.pdf > [Consultado: 04 de julio de 2020].

Gissi, Jorge. 1975. «Machismo y cultura». [En línea] <https://repositorio.uc.cl/bitstream/handle/11534/6423/000381947.pdf?sequence=> [Consultado: 04 de julio de 2020].

Klimpel, Felicitas. 1962. *La mujer chilena: El aporte femenino al progreso de Chile, 1910-1960*. Ed. Andrés Bello, Santiago de Chile.

Lagarde, Marcela. 2000. *Claves feministas para la autoestima de las mujeres*. Ed. Horas y horas, España.

Lagarde, Marcela. 2015. *Cautiverios de las mujeres: madresposas, monjas, putas, presas y locas*. Siglo XXI Editores, 2ª. Ed. México D.F.

Larrieta, Izaskun, Velasco, Eva y Fernández, Sara. 2015. «Las barreras en el acceso de las mujeres a los puestos de decisión: una revisión de la situación actual y de las principales aportaciones de la literatura». [En línea] <https://addi.ehu.es/handle/10810/16766 > [Consultado: 04 de julio de 2020].

Matus, Alejandra. 1999. *El libro negro de la justicia chilena*. Editorial Planeta, Chile.

Martínez, Silvia. 2017. «Procesos de empoderamiento y liderazgo de las mujeres a través de la sororidad y la creatividad». [En línea] <http://www.e-revistes.uji.es/index.php/dossiers/article/view/2442> [Consulta: 04 de julio de 2020].

Montecino, Sonia. 2013. «Relaciones de género y vida privada en Chile. La casa y la calle». En S. Montecino, & C. Franch, *Cuerpos, domesticidades y género. Ecos de la alimentación en Chile*. CIEG-Cátedra UNESCO. Colección género, cultura y sociedad ed. Págs. 15-67. Santiago, Catalonia.

Ortner, Sherry. 1979. «¿Es la mujer con respecto al hombre lo que la naturaleza con respecto a la cultura?» En *Antropología y Feminismos*. Barcelona.

Pateman, Carole. 1996. *Críticas feministas a la dicotomía público/privado*. Capítulo 1. Págs. 2-23. Paidós, Barcelona.

PNUD, 2018a. «Representación política de mujeres en el poder legislativo. Análisis de la aplicación de las cuotas de género en las elecciones parlamentarias de 2017». [En línea] <https://www.cl.undp.org/content/chile/es/home/library/democratic_governance/representacion-politica-de-mujeres-en-el-poder-legislativo.html> [Consultado: 04 de julio de 2020].

PNUD, 2018b. «Más mujeres, más democracia: desafíos para la igualdad de género en la política. Estudio sobre la participación política y el acceso a la justicia contenciosa electoral de las mujeres en las elecciones generales de República Dominicana del 2016». [En línea] <https://www.latinamerica.undp.org/content/rblac/es/home/library/womens_empowerment/mas-mujeres--mas-democracia--desafios-para-la-igualdad-de-genero.html> [Consultado: 04 de julio de 2020].

Poder Judicial de Chile, s/f. *Historia del Poder Judicial*. [En línea] <http://www.pjud.cl/historia-poder-judicial> [Consulta: 04 de julio de 2020].

Poder Judicial de Chile, 2015a. *Estudio de la perspectiva de Igualdad de Género en el Poder Judicial Chileno*. [En línea] <http://secretariadegenero.pjud.cl/images/documentos/Estudio_Igualdad_de_G__nero_y_No_Discriminaci__n_Final.pdf> [Consultado: 04 de julio de 2020].

Poder Judicial de Chile, 2015b. Cuenta Pública 2015. [En línea] <http://www.pjud.cl/documents/10179/534301/DISCURSO_Firmado.pdf/40cfda08-da38-4e76-8cdb-cb97137aa927> [Consultado: 04 de julio de 2020].

Rojas, Claudia. 1994. Poder, mujeres y cambio en Chile (1964-1973): Un capítulo de nuestra historia. [En línea] <http://www.memoriachilena.gob.cl/archivos2/pdfs/MC0062367.pdf> [Consulta: 04 de julio de 2020].

Segato, Rita. 2003. *Las Estructuras Elementales de la Violencia. Ensayos sobre género entre la antropología, el psicoanálisis y los derechos humanos.* [En línea] <http://mercosursocialsolidario.org/valijapedagogica/archivos/hc/1-aportes-teoricos/2.marcos-teoricos/3.libros/RitaSegato.LasEstructurasElementalesDeLaViolencia.pdf> [Consultado: 04 de julio de 2020].

Segato, Rita. 2016. «Patriarcado: del borde al centro. Disciplinamiento, territorialidad y crueldad en la fase apocalíptica del capital». En *La guerra contra las mujeres. Traficantes de sueños*, Madrid.

Stefoni, Marcela. 2005. «Supervisoras de El Teniente: Mujeres en mundos masculinos». Memoria para optar al grado de Magíster en Estudios de Género y Cultura, mención Ciencias Sociales, Universidad de Chile. [En línea] <http://www.tesis.uchile.cl/tesis/uchile/2005/stefoni_m/sources/stefoni_m.pdf> [Consulta: 04 de julio de 2020].

Notas de prensa

ADN Radio, 2019. «Periodistas del Congreso cuestionan palabras de Dobra Lusic sobre "regular la prensa"». Chile. 10 de mayo de 2019. [En línea] <http://www.adnradio.cl/noticias/nacional/periodistas-del-congreso-cuestionan-palabras-de-dobra-lusic-sobre-regular-la-prensa/20190510/nota/3901111.aspx > [Consultado: 04 de julio de 2020].

Bío Bío Chile, 2019. «Audio secreto: el diálogo de dos operadores que buscan apoyo para una candidata a la Suprema en 2019». Chile. 17 de abril de 2019. [En línea] <https://www.biobiochile.cl/noticias/reportajes/reportajes-reportajes/2019/04/17/audio-secreto-el-dialogo-de-dos-operadores-que-buscan-apoyo-para-una-candidata-a-la-suprema-en-2019.shtml> [Consultado: 04 de julio de 2020].

Bío Bío Chile, 2019. «Dobra Lusic asegura que trataron de destruir su «imagen y honorabilidad»». Chile. 18 de mayo de 2019. [En línea] <https://www.biobiochile.cl/noticias/nacional/chile/2019/05/18/dobra-lusic-asegura-que-trataron-de-destruir-su-imagen-y-honorabilidad.shtml> [Consultado: 04 de julio de 2020].

CNN Chile, 2019. Dobra Lusic falló en favor del Banco de Chile pese a que estaba inhabilitada por la Corte Suprema. 6 de mayo de 2019. [En línea] <https://www.cnnchile.com/pais/dobra-lusic-banco-de-chile-inhabilitada_20190506/> [Consultado: 04 de julio de 2020].

Cooperativa.cl, 2019. Presentan querella contra Dobra Lusic por tráfico de influencias y amenazas. Chile. 13 de mayo de 2019. [En línea] <https://www.cooperativa.cl/noticias/pais/

judicial/corte-suprema/presentan-querella-contra-dobra-lusic-por-trafico-de-influencias-y/2019-05-13/051412.html> [Consultado: 04 de julio de 2020].

Diario UChile, 2017. «Cupos en la Suprema: Bachelet propone a miembro de la banca corporativa y pareja de juez como candidatos». 6 de abril de 2017. [En línea] <https://radio.uchile.cl/2017/04/06/cupos-en-la-suprema-bachelet-propone-a-miembro-de-la-banca-corporativa-y-polola-de-juez-como-candidatos/> [Consultado: 04 de julio de 2020].

Diario UChile, 2017. «La interpretación de la ley que podría revocar el nombramiento de la nueva fiscal de la Suprema». 28 de abril de 2017. [En línea] <https://radio.uchile.cl/2017/04/28/la-interpretacion-de-la-ley-que-podria-revocar-el-nombramiento-de-la-nueva-fiscal-de-la-suprema/> [Consultado: 04 de julio de 2020].

El Libero, 2014. «Presidenta Bachelet se apresta a nombrar al fiscal judicial de la Corte Suprema». Chile. 27 de septiembre de 2014. [En línea] <https://ellibero.cl/actualidad/presidenta-bachelet-se-apresta-a-nombrar-al-fiscal-judicial-de-la-corte-suprema/> [Consultado: 04 de julio de 2020].

El Mostrador, 2014. «Asociación de Magistradas Chilenas acusa discriminación de género». Lidia Poza, Blogs y Opinión. Chile. 6 de octubre de 2014. [En línea] <https://www.elmostrador.cl/noticias/opinion/2014/10/06/asociacion-de-magistradas-chilenas-acusa-discriminacion-de-genero/> [Consultado: 04 de julio de 2020].

El Mostrador, 2019. «Comienza a caer la noche sobre Dobra Lusic: la UDI le quita respaldo y el vocero de la Suprema cuestiona sus antecedentes». 13 de mayo de 2019. [En línea]

<https://www.elmostrador.cl/noticias/pais/2019/05/13/comienza-a-caer-la-noche-sobre-dobra-lusic-la-udi-le-quita-respaldo-y-el-vocero-de-la-suprema-cuestiona-sus-antecedentes/> [Consultado: 04 de julio de 2020].

El Espejo de Malleco, 2017. «Matilde Throup una angolina pionera». Chile, 17 de julio de 2017. [En línea] <https://elespejodemalleco.cl/2017/07/17/matilde-throup-una-angolina-pionera-por-sergio-martinez/> [Consulta: 04 de julio de 2020].

El Mostrador, 2019. «Las polémicas redes de Dobra Lusic, la «favorita» de La Moneda, la DC y las Isapres para ascender a la Suprema». Chile 11 de abril de 2019. [En línea] <https://www.elmostrador.cl/noticias/pais/2019/04/11/las-polemicas-redes-de-dobra-lusic-la-favorita-de-la-moneda-la-dc-y-las-isapres-para-ascender-a-la-suprema/> [Consultado: 04 de julio de 2020].

El Mostrador, 2014. «Artículos contra Ministra Lya Cabello Abdala». Sonia Navarro Morales, Blogs y Opinión. Chile. 20 de octubre de 2014. [En línea] < https://www.elmostrador.cl/noticias/opinion/2014/11/29/articulos-contra-ministra-lya-cabello-abdala/> [Consultado: 04 de julio de 2020].

La Estrella, 2001. «Histórico juramento de primera mujer que integra Corte Suprema». Chile, 05 de noviembre de 2001. [En línea] <http://www.estrellavalpo.cl/site/edic/20011105111337/pags/20011105154150.html> [Consulta: 04 de julio de 2020].

La Segunda, 2013. «Raquel Camposano, la primera mujer que integró quina a la Suprema, habla del «Veto Político»». *La Segunda* online. Chile, 07 de diciembre de

2016. [En línea] <http://www.lasegunda.com/Noticias/Impreso/2013/12/898329/raquel-camposano-la-primera-mujer-que-integro-quina-a-la-suprema-habla-del-veto-> [Consulta: 04 de julio de 2020].

24 Horas.cl, 2019. «PPD pide al Gobierno retirar el nombre de la jueza Dobra Lusic para integrar la Corte Suprema». 14 de mayo de 2019. [En línea] <https://www.24horas.cl/politica/ppd-pide-al-gobierno-retirar-el-nombre-de-la-jueza-dobra-lusic-para-integrar-la-corte-suprema-3306234> [Consultado: 04 de julio de 2020].

24 Horas.cl, 2019. «Gobierno retira nombre de Dobra Lusic como candidata a la Corte Suprema». 15 de mayo de 2019. [En línea] <https://www.24horas.cl/nacional/gobierno-retira-nombre-de-dobra-lusic-como-candidata-a-la-corte-suprema-3310155> [Consultado: 04 de julio de 2020].

Anexo - Entrevistadas

En el desarrollo de esta investigación, se entrevistaron a dos actuales ministras de la Corte Suprema, a saber, Sras. Rosa María Maggi y Andrea Muñoz; a la actual fiscala judicial de la Corte Suprema, Sra. Lya Cabello; a cuatro ministras de Corte de Apelaciones, Sras. Dobra Lusic (Corte de Apelaciones de Santiago), Mónica Olivares (Corte de Apelaciones de Iquique), Marta Maldonado (Corte de Apelaciones de La Serena), cabe mencionar que la cuarta de estas entrevistadas solicitó mantener su identidad reservada; y una exministra de Corte de Apelaciones, Sra. Alicia Araneda (Corte de Apelaciones de Coyhaique). A continuación se presentará una breve biografía de las entrevistadas.

a. Rosa María Maggi Ducommun, Ministra de la Corte Suprema

Ministra de la Corte Suprema desde el 02 de junio de 2009 hasta la actualidad. La ministra Sra. Maggi nació el 14 de septiembre de 1946, es madre de tres hijos. Curso sus estudios secundarios en el Liceo Europeo de Santiago y sus estudios superiores en la Facultad de Ciencias Jurídicas y Sociales de la Universidad de Chile. Juró como abogada el 17 de julio de 1972 (Bravo, 2011).

En cuanto a su recorrido por el Poder Judicial, el año 1972 ingresó como oficial 3° de la Biblioteca de la Corte Suprema. Durante su carrera judicial detentó los siguientes cargos (Ibíd):

- 1972: Oficial 3° Biblioteca de la Corte Suprema;
- 1974: Secretaria del 6° Juzgado Civil de Menor Cuantía de Santiago;
- 1979: Secretaria del 13° Juzgado Civil de Santiago;
- 1983: Jueza del 13° Juzgado Civil de Santiago;
- 1995: Ministra de la Corte de Apelaciones de Rancagua, fue su Presidenta durante el año 1997;
- 2001: Ministra de la Corte de Apelaciones de Santiago;
- 2009: Ministra de la Corte Suprema, encontrándose vigente en el cargo.

b. Andrea Muñoz Sánchez[1]*, Ministra de la Corte Suprema*

Ministra de la Corte Suprema desde el 13 de marzo de 2014 hasta la actualidad, haciendo ingreso en el cupo de los ministros que no provienen de carrera judicial. Actualmente es la ministra encargada de la Secretaría Técnica de Igualdad de Género y

[1] Datos obtenidos del curriculum vitae de la ministra Andrea Muñoz Sánchez publicado en la página web de la Cumbre Judicial Iberoamericana. Sitio web: http://www.cumbrejudicial.org/asamblea-plenaria/documentacion-previa-asamblea-plenaria-edicion-xix/download/825/615/15.

No Discriminación del Poder Judicial. La ministra Sra. Muñoz cursó sus estudios superiores en la Facultad de Derecho de la Universidad de Chile entre 1975 y 1979, recibiendo el Premio Pedro Nicolás Montenegro a la mejor alumna egresada de su promoción. Se tituló como abogada en noviembre de 1981.

Se desempeñó desde el año 2005 hasta el 2013 como abogada integrante de la Corte de Apelaciones de Santiago. Entre otras actividades profesionales realizadas por la Sra. Ministra se encuentran:

- Asesora jurídica Consejo Nacional para Control Estupefacientes, 2000-2004;
- Fiscal de la Superintendencia de Instituciones de Salud Previsional (actual Superintendencia de Salud), 1995-2000;
- Integrante del Consejo Directivo de la Academia Judicial por dos períodos consecutivos, como académica designada por el Poder Ejecutivo con aprobación del Senado, 1995-2003;
- Coordinadora del Proyecto de Capacitación, Gestión y Política Judicial, ejecutado por la Corporación de Promoción Universitaria (C.P.U.), en el área de Capacitación Judicial, 1992-1994;
- Miembro de la Comisión Nacional de Ética Pública, creada por D.S. 423, año 1994.

Cabe mencionar que se desempeñó como asesora legislativa, participando en la elaboración y tramitación de las leyes N° 19.585, sobre filiación; N° 19.947, sobre matrimonio civil, y del proyecto de ley que introdujo modificaciones al sistema de regímenes matrimoniales. Por su parte, en el campo académico, impartió cursos de derecho civil en la Universidad Diego Portales (1995 - 2010), donde además ejerció como secretaria académica (1986 - 1989), decana subrogante (1990 - 1991) y miembro del Consejo de la Facultad (1992 - 1997).

c. Lya Cabello Abdala, fiscala judicial de la Corte Suprema

Fiscala[2] judicial de la Corte Suprema desde el 18 de mayo de 2017. Es la segunda mujer en detentar dicho cargo. La Sra. Lya Cabello nació el 20 de agosto de 1948; y realizó sus estudios superiores en la Facultad de Derecho de la Universidad de Chile. Juró como abogada el 22 de enero de 1979 (Ibíd).

En cuanto a su recorrido por el Poder Judicial, el año 1981 ingresó al cargo de jueza del Juzgado de Letras de Río Negro. Durante su carrera judicial detentó los siguientes cargos (Ibíd):

- 1981: Jueza del Juzgado de Letras de Río Negro;
- 1983: Secretaria del 2° Juzgado del Crímen de Santiago;
- 1984, 1985, 1986, 1987 y 1988: Relatora interina de la Corte de Apelaciones de Santiago en cinco oportunidades;

2 Se debe mencionar que la Sra. Lya Cabello ha promovido el uso del título «fiscala» dentro del Poder Judicial.

- 1988: Relatora de la Corte de Apelaciones de Santiago;
- 1994: Jueza del 19° Juzgado Civil de Santiago;
- 1999: Ministra de la Corte de Apelaciones de San Miguel, fue su Presidenta durante el año 2008;
- 2017: Fiscal Judicial de la Corte Suprema, encontrándose vigente en el cargo.

d. Dobra Lusic Nadal, Ministra de la Corte de Apelaciones de Santiago

Ministra de la Corte de Apelaciones de Santiago desde el 18 de noviembre de 2002. La ministra Sra. Lusic, nació el 24 de diciembre de 1950. Realizó sus estudios primarios en la Escuela Superior de Niñas N° 2 de Tocopilla; los secundarios en el Liceo María Auxiliadora de Iquique; y sus estudios Superiores en la Facultad de Derecho de la Universidad de Valparaíso. Juró como abogada el 25 de octubre de 1976 (Ibíd).

En cuanto a su recorrido por el Poder Judicial, el año 1975 ingresó al cargo de oficial 3°del 2° Juzgado de Menores de Valparaíso. Durante su carrera judicial detentó los siguientes cargos (Ibíd):

- 1975: Oficial 3°del 2° Juzgado de Menores de Valparaíso;
- 1977: Secretaria del Juzgado de Letras de Villarrica;
- 1978: Secretaria del 2° Juzgado de Letras de Coquimbo;

- 1980: Secretaria del 2° Juzgado de Crimen de Puerto Montt;
- 1980: Jueza del 1° Juzgado de Letras de Puerto Varas;
- 1982: Relatora de la Corte de Apelaciones de Santiago;
- 1984: Jueza del 3° Juzgado del Crimen de Santiago;
- 1997: Ministra de la Corte de San Miguel;
- 2002: Ministra de la Corte de Apelaciones de Santiago, fue su Presidenta durante el año 2018. Se encuentra vigente en el cargo.

e. Mónica Olivares Ojeda, Ministra de la Corte de Apelaciones de Iquique

Ministra de la Corte de Apelaciones de Iquique desde el 09 de julio de 2004. La ministra Sra. Olivares nació el 07 de diciembre de 1954, es madre de dos hijos. Realizó sus estudios primarios en las Escuelas de Niñas N° 7 y 18 de Valparaíso; secundarios en el Liceo de Niñas N° 3 de Playa Ancha, Valparaíso; en cuanto a sus estudios superiores ingresó en 1973 a la Escuela de Derecho de la Universidad de Chile, sede Valparaíso. Juró como abogada el 31 de enero de 1983 (Ibíd).

En cuanto a su recorrido por el Poder Judicial, el año 1978 ingresó al cargo de oficial 4° del 1° Juzgado Civil de Valparaíso. Durante su carrera judicial detentó los siguientes cargos (Ibíd):

- 1978: Oficial 4° del 1° Juzgado Civil de Valparaíso;
- 1982: Oficial 2° del 3° Juzgado Civil de Viña del Mar;
- 1983: Secretaria del Juzgado de Letras de Chañaral;
- 1988: Secretaria del 2° Juzgado de Letras de Copiapó;
- 1989: Relatora de la Corte de Apelaciones de Copiapó;
- 1994: Relatora de la Corte de Apelaciones de Valparaíso;
- 2001: Jueza del 3° Juzgado Civil de Valparaíso;
- 2004: Ministra de la Corte de Apelaciones de Iquique. Fue su Presidenta en dos ocasiones en el año 2006 y 2010. Se encuentra vigente en el cargo.

f. Marta Maldonado, Ministra de la Corte de Apelaciones de La Serena

Ministra de la Corte de Apelaciones de La Serena desde el 11 de abril de 2005. La ministra Sra. Maldonado nació el 21 de junio de 1948, es madre de tres hijos. Realizó sus estudios secundarios el Liceo de Niñas de Concepción; y sus estudios superiores en la Facultad de Ciencias Jurídicas y Sociales de la Universidad de Concepción, de la cual egresó en 1970. Juró como abogada el 25 de septiembre de 1972 (Ibíd).

En cuanto a su recorrido por el Poder Judicial, el año 1975 ingresó al cargo de secretaria del 1° Juzgado de Letras de Vallenar. Durante su carrera judicial detentó los siguientes cargos (Ibíd):

- 1975: Secretaria del 1° Juzgado de Letras de Vallenar;
- 1979: Jueza del 1° Juzgado de Letras de Vallenar;
- 1980: Secretaria del 2° Juzgado de Letras de La Serena;
- 1989: Jueza del Juzgado del Trabajo de La Serena;
- 2005: Ministra de la Corte de Apelaciones de La Serena. Fue su Presidenta en 2007. Se encuentra vigente en el cargo.

g. Alicia Araneda, exministra de la Corte de Apelaciones de Coyhaique

De acuerdo con los datos proporcionados por la Sra. ministra, empezó su carrera profesional «(...) como abogado en la ciudad donde vivía con mis padres, era la única abogada en ese tiempo y la juez del Juzgado de Letras me dio la posibilidad de conocer el tribunal por dentro, y me gustó el trabajo de juez que ella desempeñaba».

Agrega que:

> *Desde el año 1975 hasta el año 1997, ya me había desempeñado 21 años como juez de primera instancia y estimé que ya era tiempo de ascender en mi carrera. Siempre me ha gustado superarme. Empecé como secretaria en el Juzgado de San José de la Mariquina, y en el mismo tribunal subí a juez de Departamento, así se designaban antes. Luego me fui como juez de Capital de Provincia en Puerto Natales y Ancud, luego subí a juez de Asiento de Corte, primero en Punta Arenas y después en Puerto*

Montt, y desde aquí postulé a ministro de la Corte de Apelaciones de Coyhaique, cargo que desempeño a la fecha, donde voy a cumplir 22 años, para cumplir 44 años de servicio judicial en este año 2019.

Con fecha 28 de septiembre de 2019, la ministra Alicia Araneda Espinoza se acogió a retiro por cumplir la edad límite para permanecer en el cargo.

Este libro se terminó de imprimir
en Santiago de Chile,
enero de 2021

Teléfono: 22 22 38 100 / ril@rileditores.com

Se utilizó tecnología de última generación que reduce
el impacto medioambiental, pues ocupa estrictamente
el papel necesario para su producción, y se aplicaron
altos estándares para la gestión y reciclaje de desechos
en toda la cadena de producción.

Made in the USA
Coppell, TX
05 November 2026

11307219R00097